Michael Vogel / Johann Schrenk: Romantisches Mittelfranken

Michael Vogel / Johann Schrenk

Romantisches Mittelfranken

»Roth-à-print«

Die Übersetzung ins Englische besorgte Diane Mörtel, Roth.
Die Übersetzung ins Französische verdanken wir Elke Homm, Ansbach.
Titelfoto: Schloß Rügland (Michael Vogel)

Impressum:
»Romantisches Mittelfranken«
Fotos: Michael Vogel, Ansbach
Texte: Johann Schrenk, Gunzenhausen
1. Auflage
»Roth-à-print« - Verlag in der Buchhandlung Genniges,
Hauptstraße 27, 8542 Roth

ISBN 3-924983-02-X

Gestaltung: Michael Genniges, Roth
Reprographie: Franken-Repro, Nürnberg
Satz und Druck: Steinmann, Wassertrüdingen
Bindearbeiten: Graphische Betriebe Monheim

Zum Geleit

„Romantisch" – dieses Eigenschaftswort wird zu Recht mit Mittelfranken verbunden. Die Landschaft, meist hügelig, teilweise dem Mittelgebirge zuzurechnen, ist von anmutigen Bach- und Flußtälern durchzogen, und von den Höhen bieten sich oft weite Ausblicke in abwechslungsreich gegliedertes Umland. Wo Felspartien an Flußläufen und Berghängen zutage treten, wirken sie idyllisch und nicht bedrohlich. Mit dieser eher lieblich zu nennenden Landschaft stehen die Siedlungen und Bauwerke der Menschen, die Dörfer und Städte, Kirchen, Burgen und Schlösser in harmonischer Verbindung. Sie bezeugen, auch wenn sie erfreulicherweise meist vom Leben der Gegenwart erfüllt sind, in eindrucksvoller Weise die Vergangenheit und ihr geschichtliches Werden. Eine besondere Note Mittelfrankens ist die außerordentliche Vielfalt an Kulturdenkmälern, bedingt durch die frühere politische Zerissenheit in Fürstentum, Reichsstädte und mehrere andere geistliche und weltliche Herrschaftsgebiete bis zum Ende des 18. Jahrhunderts.
Natürlich ist die Neuzeit und ihre technische Entwicklung auch in Mittelfranken prägend geworden. Technische Bauten haben sich jedoch zum Teil in das romantische Bild Mittelfrankens eingefügt, wie z. B. der Ludwigskanal oder manche Eisenbahnbauten; in anderen Fällen haben sie dieses Bild jedenfalls nicht gestört.
Das Wort vom „romantischen Mittelfranken" soll aber nicht nur Beschreibung sein, sondern auch Anregung, die beschaulichen Schönheiten dieses Landesteils vielleicht noch mehr als bisher zu beachten und beispielsweise den Frieden und das Gefühl der Beständigkeit auf sich wirken zu lassen, die eine jahrhundertealte, aus Sandstein errichtete fränkische Dorfkirche ausstrahlen; oder den Gemeinsinn zu bedenken, der in einer mittelalterlichen Stadt notwendig und vorhanden war und in ihrer Befestigungsanlage zum Ausdruck kommt. Der vorliegende Band „Romantisches Mittelfranken" kann hierbei ein wertvoller Helfer sein. Dem Verlag und den Autoren gebührt hierfür Anerkennung und Dank.

Heinrich von Mosch, Regierungspräsident

Der Fotograf sagte es selbst: er sei überrascht gewesen von der landschaftlichen Vielfalt und von dem reichen Kulturangebot, das Mittelfranken aufzuweisen hat. Er habe seine Heimat neu entdeckt bei seinem Streifzug mit Kamera und Stativ: sanfte Hügel und tief eingeschnittene Täler, bäuerliches Land und vergangene Industriekultur, stolze Burgen und schön anzusehende Schlösser.
Wenn der Leser das „Romantische Mittelfranken" durchblättert, kann er nur erahnen, was sich in dieser Region früher auch an Politik abgespielt haben muß und was es an kulturellen Strömungen gegeben hat.
So bin ich sicher, daß „Romantisches Mittelfranken" viele Betrachter anregen wird, in der Nachbarschaft „Grüß Gott" zu sagen und die eigene Heimat noch besser kennenzulernen, näher hinzusehen. So wie es der Fotograf und die Macher dieses Buches getan haben.

Georg Holzbauer, Bezirkstagspräsident

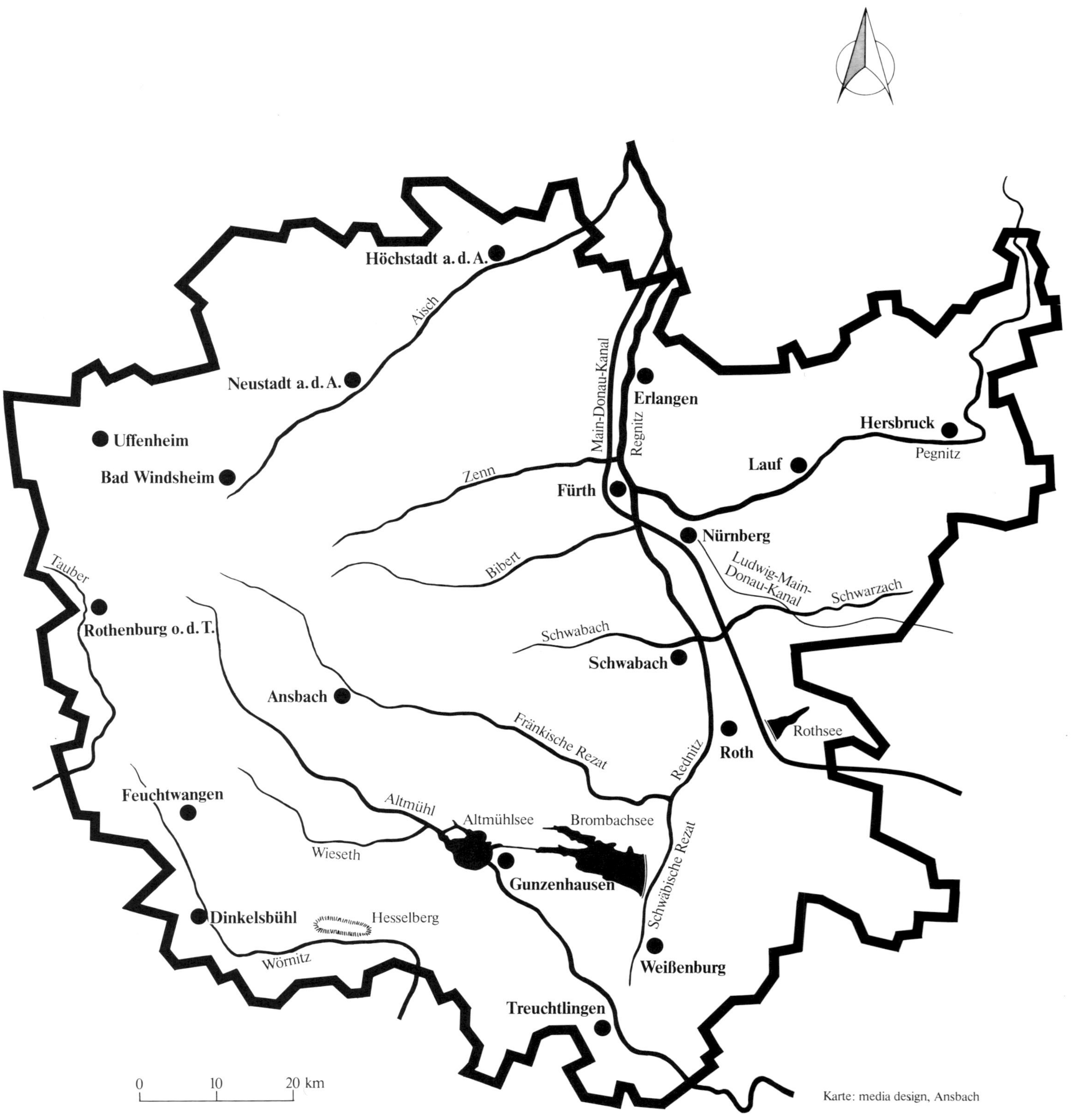
Höchstadt a. d. A.
Aisch
Neustadt a. d. A.
Uffenheim
Bad Windsheim
Main-Donau-Kanal
Regnitz
Erlangen
Hersbruck
Lauf
Pegnitz
Zenn
Fürth
Nürnberg
Bibert
Tauber
Ludwig-Main-
Donau-Kanal
Schwarzach
Rothenburg o. d. T.
Schwabach
Schwabach
Ansbach
Fränkische Rezat
Roth
Rothsee
Rednitz
Feuchtwangen
Altmühl
Altmühlsee
Brombachsee
Wieseth
Gunzenhausen
Schwäbische Rezat
Dinkelsbühl
Hesselberg
Wörnitz
Weißenburg
Treuchtlingen
0
10
20 km
Karte: media design, Ansbach

Inhaltsverzeichnis

Streiflichter Mittelfrankens

Ein Überblick

Romantisches Mittelfranken: Wer denkt da nicht an Rothenburg und Dinkelsbühl, an reichverzierte Fachwerkfassaden und schmucke Hausgiebel, an verspielt wirkende Erkertürmchen und anheimelnd enge Gassen. Wer denkt da nicht an mittelalterliche Burgen und barocke Schlösser, an romantische Flußtäler und anmutige Berghöhen. Gerade die Vielfalt macht dieses Land so reizvoll.

Kulturland Mittelfranken

Den Auftakt in diesem bunten Reigen kleiner bis kleinster Kulturräume bilden die fruchtbaren Ackerböden des Gollachgaus und der Windsheimer Bucht. Der Lößlehm bildet hier einen hervorragenden Nährboden für die Zuckerrübe und den Weizen. Während der Ackerbau das Landschaftsbild des westlichen Mittelfranken prägt, stellt der Weinbau eher eine Rarität dar. „Weimersheimer Roter Berg" und „Bullenheimer Paradies" stehen für den Rebensaft „made in Mittelfranken". Schon früh hat in den südlichen Gefilden der Hopfen die Nachfolge des Weines angetreten. Die steilen Giebeldächer der Spalter Hopfenhäuser gelten als Wahrzeichen des unteren Rezatgrundes. Die Dolden geben dem fränkischen Bier erst die richtige Würze. Und wenn wir schon bei den leiblichen Genüssen sind: der „Kren", den man hierzulande zu den berühmten fränkischen Bratwürsten ißt, wird im „Knoblauchsland" nördlich von Nürnberg angebaut. Der tiefgründige, feinsandige Lehmboden spendet den Meerrettichpflanzen die nötige Feuchte. Noch heute ziehen die „Krenverkäufer" von Tür zu Tür. Der Anbau von Gemüse, Tabak und Obst wäre noch zu nennen, der ganzen Landstrichen ihren unverwechselbaren Charakter verleiht.

Auch das Wasser und seine Nutzung haben Mittelfrankens Landschaft geprägt. Während die schon im Mittelalter betriebene Karpfenzucht am Oberen Aischgrund eine außergewöhnliche Teichlandschaft entstehen ließ und die Wasserräder der Regnitz als Relikte der jüngsten Technikgeschichte die Gegend um Erlangen zieren, treten an der Rezat und der Wörnitz zahlreiche Mühlen als Landschaftsbildner in Erscheinung. Die meist stillgelegten und daher dem Verfall ausgesetzten Mühlengebäude und Hammerwerke lassen so manchen Betrachter ins Schwärmen geraten. Eine Art von Zerfalls-Romantik ist entlang des alten Ludwig-Main-Donau-Kanals entstanden. Verlassene Wehre und wildüberwucherte Kanalgräben stellen begehrte Motive für Maler und Photographen dar. Dagegen kommt entlang der Ufer des neuen Rhein-Main-Donau-Kanals nur schwerlich so etwas wie Romantik auf. Zu frisch sind hier noch die Eingriffe in die Natur. Eine Landschaft ganz neuen Typs entsteht mit den künstlich aufgestauten Gewässern der Altmühl bei Gunzenhausen und den weiter östlich gelegenen Flußläufen des Brombachs und des Igelsbaches. Aus einem alten Kulturland mit vorwiegend ländlicher Prägung schlüpft die touristische Attraktion des „Neuen Fränkischen Seenlandes".

Schnittpunkt der deutschen und europäischen Geschichte

Der naturräumlichen Vielfalt Mittelfrankens entspricht ein Reichtum an verschiedenartigsten Kulturbauten und Baudenkmälern. Grundlage hierfür ist die abwechslungsreiche Geschichte des Landes, das unter den Historikern als nordbayerischer „Fleckerlteppich" bekannt ist. Zahlreiche Herrschaften, darunter so bedeutende Häuser wie das der Zollern, aber auch unzählige kleine und mittlere Grafschaften, Rittertümer und Kirchensprengel haben Mittelfranken ihren Stempel aufgedrückt.

Die Ursprünge der fränkischen Geschichte gehen zurück auf die Römer, die ihren Herrschaftsbereich bis an die Ufer der Altmühl ausdehnten. Gunzenhausen bildete das nördlichste Kastell am Grenzwall des Limes, der die Römische Provinz Raetien vor den nach Süden dringenden Kelten und Germanen abschirmen sollte. Bis zum Jahre 233 n. Chr. hat er gehalten, bevor die Alamannen die römischen Grenzprovinzen überrannten. Im heutigen Landkreis Weißenburg-Gunzenhausen konnte in jüngster Zeite eine Vielzahl römischer Bauwerke und Befestigungsanlagen freigelegt werden. Weithin berühmt wurde der „Römerschatz von Weißenburg" mit seinen 134 Teilen, darunter 16 hervorragend erhaltene Götterfiguren.

Das Mittelalter brachte für Franken eine wechselvolle Zeit mit sich; vom friedlichen Aufbau unter dem Frankenkönig Karl bis hin zum großen Glaubenskrieg mit seinen unheilbaren Verwüstungen. Mit der Besiedlung des Landes durch die Franken und dem weiteren Ausbau unter den Karolingern und Merowingern gewann die Region rasch an Bedeutung. Dies erfolgte gewissermaßen „Hand in Hand" mit der christlichen Missionierung durch die aus dem Irischen kommenden Bonifatius und Willibald, Wunibald und Walburga, die von Eichstätt aus eine rege Klostergründung betrieben. Zahlreiche Kirchenbauten bergen noch heute Bauteile aus der karolingischen und romanischen Epoche. Sei es der untere Teil eines Turmes oder das ganze Langhaus wie etwa in Heilsbronn oder Heidenheim.

Mit dem Zerfall des Frankenreichs zerfiel auch die Einheit von Staat und Kirche, von geistlicher und weltlicher Macht. Neben die Zentralgewalt traten die zu Land und Ruhm gelangten Fürsten, die sich in ihren Territorien eigene kleine Reiche schufen. Und neben die Allmacht der Kirche trat das aufgeklärte Bürgertum, das in der Zeit der Gotik damit begann, das kulturelle Leben mitzugestalten. Es kam die große Zeit der Städte, namentlich der freien Reichsstädte, die unter den Staufern ausgebaut und mit weitreichenden Rechten versehen wurden. Nürnberg, Rothenburg ob der Tauber, Bad Windsheim und Weißenburg waren im südlichen Franken stolze Hochburgen des Handwerks und des Handels. „Nürnberger Tand geht in alle Land", hieß es zu jener Zeit. Die gotischen Prachtbauten von St. Lorenz und St. Sebald zu Nürnberg sind Zeugen dieser Blütezeit der spätmittelalterlichen Stadt.

Das reichsfreie Rittertum setzte mit seinen unzähligen Burgen markante Farbtupfer in das Land zwischen Wörnitz und Pegnitz. Colmberg, Pappenheim und Veldenstein seien hier nur stellvertretend genannt. Allen voran ist es jedoch die Kaiserburg von Nürnberg, die Mittelfranken zu seinem Ruf als Burgenland verhalf.

So friedfertig, wie es begann, so unfriedlich endete das Mittelalter auf deutschem Boden. Gerade die fränkischen Lande zwischen Main und Donau wurden von den Kriegswirren des ausgehenden Mittelalters heimgesucht, bevor sie verwüstet, verödet und in weiten Teilen menschenleer darniederlagen. Im Dreißigjährigen Krieg hatte Franken zu büßen, was es bis dahin auszeichnete: Schnittpunkt der deutschen Geschichte zu sein. Die ungeheuren Truppenbewegungen der Heere Wallensteins und des Schwedenkönigs Gustav Adolf waren es, die der fränkischen Bevölkerung schwer zu schaffen machten. Plündernde und mordende Soldaten hinterließen eine breite Spur des Verderbens.

Es dauerte fast fünfzig Jahre, bis man mit dem Wiederaufbau des Landes beginnen konnte.

Mit dem letzten brandenburgischen Markgrafen Alexander endet die Bedeutung Frankens als Land zwischen den Fronten der europäischen Geschichte. Durch die Beschlüsse des Wiener Kongresses von 1815 gerät es endgültig in den Machtbereich des neuen bayerischen Königreiches, bevor es dann unter König Ludwig I. mehr oder weniger willkürlich in die drei Regierungsbezirke Unter-, Ober- und Mittelfranken aufgeteilt wird.

Kunst und Beschaulichkeit

Die Sehenswürdigkeiten Mittelfrankens entstammen weitgehend dem großen Fundus repräsentativer Barockbauten des 17. Jahrhunderts, als die Markgrafen darangingen, sich bereits zu Lebzeiten steinerne Denkmale zu setzen. Ob Ansbach oder Erlangen, ob Roth oder Triesdorf: überall hinterließen die fürstlichen Bauherren Zeugnisse barocker Lebenslust.

Doch auch in der Kleinkunst, in der Malerei und in der Plastik, wie überhaupt im Kunsthandwerk, stellt Mittelfranken ein wahres Schatzkästlein dar. Aus der Zeit des späten Mittelalters sind es vornehmlich kirchliche Einrichtungsgegenstände, die heute zu den bedeutendsten Kunstschätzen gezählt werden können. Tilman Riemenschneiders Heilig-Blut-Altar von Rothenburg zählt dazu. Mit dem Nürnberger Künstler Albrecht Dürer beginnt auch in der Kunst die Neue Zeit. Seine Graphiken und Gemälde läuteten eine eigene Kunstepoche, die „Dürerzeit" ein. In Scharen zogen die Kunstschaffenden in die fränkische Metropole, um sich von der Schule Dürers befruchten zu lassen. Nürnberg wurde zum Zentrum der Malerei und der Kleinplastik und schmückte sich selbst mit unzähligen Brunnen und Kleindenkmalen, die der Stadt noch heute ihren besonderen Reiz verleihen. Weithin berühmt sind die Rotschmiedekunst eines Peter Vischer, die Kunstwerke des Goldschmiedes Wenzel Jammitzer, die Bildschnitzereien von Veit Stoß und die Steinplastiken eines Adam Krafft.

Mittelfranken hat jedoch nicht nur Spektakuläres zu bieten. Es kann auch in den leisen Tonstufen ein beeindruckendes Klangbild erzeugen. Mittelfranken wäre nicht fränkisch, wären da nicht die Stille und die verträumte Beschaulichkeit abseits der Glanzpunkte des Fremdenverkehrs, gäbe es da nicht Ortschaften wie Kairlindach oder Stetten, wo man sich noch zusammensetzt, wenn im Dorf eine Hochzeit oder Taufe ansteht. Was wäre Mittelfranken, gäbe es da nicht die stillgelegte Mühle mit ihrem bemoosten Mühlstein, der sich inmitten von Brennesseln zur Ruhe gelegt hat, gäbe es da nicht die verwitterten Steinkreuze am Wegesrand oder den schilfumrankten Löschteich beim alten Feuerwehrhaus.

Ob auf der Frankenhöhe oder in der Frankenalb, ob an der Aisch oder der Rednitz: hier ist es noch möglich, zu Fuß durch die Lande zu stromern, die Wirtsleute nach einer Bleibe zu fragen, auch wenn sie keine „Fremdenzimmer" anbieten. Hier kann man noch auf der Wiese liegen und träumen oder in veralgten Dorfweihern ein Bad nehmen. Noch bietet Mittelfranken beides: Natur und Kultur, und noch können seine Bewohner es voller Stolz als ihr „romantisches Mittelfranken" betrachten.

Sidelights of Middle Franconia

Synopsis

Romantic Middle Franconia: who doesn't think of Rothenburg and Dinkelsbühl, of richly embellished half-timbered facades and adorned gables, of galleried towers and snug narrow alleyways? Who doesn't think of mediaeval castles and baroque palaces, of romantic river valleys and graceful mountain summits? Its variety makes this region so charming.

Cultural Landscape Middle Franconia

The prelude to this colourful round dance of tiny cultural districts is formed by the fruitful arable soil of the Gollachgau and the Windsheimer Bucht. Here loam provides excellent fertile soil for sugar beet and wheat. While agriculture characterises the countryside of western Middle Franconia, the growing of wine is more of a rarity. "Weimersheimer Roter Berg" and Bullenheimer Paradies" stand for the wine "made in Mittelfranken". Very early on hops appeared as successors to grapes in the southern regions. The steep gable roofs of the hop houses of Spalt are landmarks of the lower Rezat vally. The hop cones provide the right flavour of Franconian beer. While on the subject of the delights of eating and drinking: "Kren" (horseradish) that in these parts one eats with the famous Franconian fried sausages, is grown in "Knoblauchsland" (garlic land) north of Nuremberg. The deep fine sandy loam soil provides the horseradish plants with necessary moisture. Even today horseradish vendors sell their wares from door to door. The cultivation of vegetables, tobacco and fruit lends this region its unmistakeable, mostly idyllic character.

Water and its many uses has also stamped the Middle Franconian countryside. While in the middle ages carp farming in the upper Aisch meadows already caused an extraordinary pond landscape to emerge, and the water wheels of the Regnitz as relicts of youngest technical history ornament the area around Erlangen, on the Rezat and Wörnitz many mills appeared to sculpt the countryside. Most of the mills and forges were closed down and left to decay and entrance many observers these days. A kind of ruin-romantic also appears along the banks of the old Ludwig-Main-Donau canal. Deserted weirs and wildly overgrown canal ditches pose desirable motives for artists and photographers. The shores of the new Rhein-Main-Donau canal, on the other hand, can hardly be described as romantic. Here interference with nature is still too fresh. A landscape of a much newer type has been established with artificially dammed waters of the Altmühl near Gunzenhausen and further east the river courses of the Brombach and the Igelsbach. The old cultural scenery with mainly rural stamp is changing into the tourist attraction of the "Neuen Fränkischen Seenlandes" (new Franconian lake district).

Crossroads of German and European History

The naturalistic variety of Middle Franconia corresponds with a wealth of different arable cultivation and monuments. The basis of this is the diverse history of the area that is well known to historians as the north Bavarian "patchwork". Many different rulers, including such significant houses as that of Zollern, but also innumerable small and middle shires, knighthoods and dioceses, have made their mark on Middle Franconia.

The origins of Franconian history go back to the Romans, whose ruling territories stretched to the banks of the Altmühltal. Gunzenhausen shaped the most northern castle of the border wall of the Limes, intended to screen the Roman province of Raetia from the Celts and Teutons pressing southwards. It held until 233 A.D. before the Alamannians broke down the Roman border province. In the present day district of Weißenburg-Gunzenhausen it has recently been possible to excavate a large number of Roman buildings and fortifications. Renowned is the "Römerschatz von Weißenburg" (Roman Treasure of Weißenburg) with its 134 pieces, including 16 outstandingly preserved mythology figures.

The middle ages brought a changeable time to Franconia: from tranquil reconstruction under Karl, King of Franconia, to the great religious war with its fatal devastations. With the colonisation of the land under the Franks and further development under the Carolingians and Merovingians, the region rapidly gained significance. This followed, to some extent hand-in-hand, the establishment of christian missions by Bonifatius and Willibald, Wunibald and Walburga, who came from Ireland and ran an active cloister foundation in southern Franconia. Many churches harbour even today parts of buildings from the Carolingian or Roman epochs; it could be the lower part of a tower, or even the whole longhouse as in Heilsbronn or Heidenheim.

The unity of state and church and religious and wordly power disintegrated with the collapse of the Franconian realm. Princes who had acquired lands and glory and who created small empires within their own territories appeared alongside the central authority. Enlightened citizens began to shape their own cultural life in the Gothic period, against the omnipotence of the church. Then came the great time of the towns, namely that of the free towns that had been developed under the Staufers and furnished with their own extensive rights. In south Franconia, Nuremberg, Rothenburg ob der Tauber, Bad Windsheim and Weißenburg were proud strongholds of trade and crafts. "Nürnberger Tand geht in alle Land" (baubles from Nuremberg reach every land), was an old saying. The magnificant Gothic churches of St. Lorenz and St. Sebald in Nuremberg are the most striking testaments to this golden era in the late middle ages.

The knighthood provided its own dab of colour with innumerable castles between Wörnitz and Pegnitz. Colmberg, Pappenheim and Veldenstein are representative examples. It was the imperial castle in Nuremberg though that brought Franconia its fame as "land of castles".

The middle ages, as peaceably as they had begun on German soil, ended discordantly. The Franconian region between Main and Donau was totally caught up in the severe troubles of the waning middle ages before it was defeated, left ravaged, devastated and deserted in many areas. During the thirty years war Franconia had to pay for being up until that time crossroads of european history.

The enormous troop movements of Wallenstein and Gustav Adolf, King of Sweden, brought immense suffering to the Franconian population. Pillaging and murdering soldiers left behind a trail of ruin and destruction. It took almost another fifty years until rebuilding could commence.

The importance of Franconia as a land between fronts of european history ended with the last Margrave of Brandenburg, Alexander. Through decrees of the Congress of Vienna in 1815 Franconia came under the sphere of influence of the new Bavarian empire, before under Karl the First it was more or less arbitrarily divided into the three administrative districts of Lower, Upper and Middle Franconia.

Arts and Tranquillity

The sights to be found in Middle Franconia have largely been supplied from the extensive source of stately baroque buildings of the 17th century, as margraves sought to immortalise themselves through the building of stone monuments. Everywhere princely building zeal bears witness to the baroque art of living, whether in Ansbach or Erlangen, in Roth or Triesdorf.

Middle Franconia is a veritable treasury of art in general, of paintings and sculptures and of all artistic crafts. From the time of the late middle ages, ecclesiastical fixtures count especially as the most significant artistic treasures today. Tilman Riemenschneider's Heilig-Blut-Altar (Altar of the Holy Blood) in Rothenburg is one of them. A new era in art began with Albrecht Dürer from Nuremberg. His graphics and paintings rang in a new art epoch, the Dürer period. Artists appeared in hordes in the Franconian metropolis, all clamouring to be part of the Dürer school. Nuremberg became the artistic centre and decorated itself with many fountains and small monuments that lend the town a special charm even today. The bronzes of Peter Vischer, the works of art of the goldsmith Wenzel Jammitzer, the sacral wood carvings of Veit Stoß and the sculptures of Adam Krafft are world famous.

Middle Franconia has not only spectacular things to offer. It can also produce a sound pattern in the softest tones. Middle Franconia would not be Franconian if it could not offer the peace and dreamy tranquillity behind the tourist highlights, if there were no such villages as Kairlindach or Stetten where the villagers get together to celebrate a village wedding or christening. What would Middle Franconia be without disused mills with their mossy millstones at peace between the stinging nettles, without the overgrown stone crosses on roadsides, or the rush-entwined pond of the old fire brigade house.

On the Frankenhöhe or in the Frankenalb, on the Aisch or on the Rednitz: it is still possible here to wander through the countryside asking landlords for a bed at night even when they don't officially offer "Fremdenzimmer". Here you can still stretch out in meadows to dream, or bathe in ponds full of algae. Even today Middle Franconia can offer both: nature and culture. Its inhabitants can still proudly regard it as "romantic Middle Franconia".

Remarques sur la Franconie Moyenne

Un résumé

La Franconie Moyenne romantique: qui ne pense pas là à Rothenburg et Dinkelsbühl, aux maisons à colombages richement décorées et aux jolis pignons, aux tourelles en saillie un peu folâtres et aux étroites ruelles familières. Qui ne pense pas là aux forteresses médiévales et châteaux baroques, aux vallées romantiques et aux charmantes collines. C'est cette diversité qui rend cette région si attrayante.

Franconie Moyenne: paysage de culture

Les terres fertiles arables du 'Gollachgau' et de la 'Windsheimer Bucht' forment le début dans cette série diversifiée de petites zones cultivées. La glaise de loess donne ici un terrain favorable à la betterave à sucre et au blé. Tandis que l'agriculture marque le paysage de la Franconie Moyenne de l'ouest, la viticulture y est plutôt rare. 'Weimersheimer Roter Berg' et 'Bullenheimer Paradies' sont des représentants du jus de la treille 'made in Mittelfranken'. Déjà très tôt, le houblon a pris la succession de la vigne dans ces sphères méridionales. Les toits à pignons pentus des maisons houblonnières de Spalt servent d'emblême pour la partie basse du 'Rezatgrund'. Ce sont les ombelles qui donnent à la bière franconienne son moût véritable. Et, puisque nous en sommes aux jouissances culinaires: le 'Kren' (raifort) qui accompagne les fameuses saucisses grillées de Franconie, est cultivé dans le 'Knoblauchsland' (le pays de l'aïl) au nord de Nuremberg. Le sable fin en couches profondes du loess fournit l'humidité nécessaire au raifort. Aujourd'hui encore, les vendeurs de raiforts font du porte à porte. Il faudrait encore mentionner la culture des légumes, du tabac et des fruits, qui donnent à des contrées entières leur caractère unique.

L'eau et son exploitation ont également marqué le paysage de la Franconie Moyenne. Alors que, dès le Moyen Âge, l'élevage des carpes fit naître dans le 'Oberer Aischgrund' un paysage exceptionnel d'étangs, et que les roues hydrauliques de la Regnitz embellissent, en tant que témoins de l'histoire récente de la technique la région près d'Erlangen, on rencontre sur les rives de la Rezat et de la Wörnitz plusieurs moulins. La plupart d'entre eux, abandonnés et livrés à la ruine, enthousiasment encore maints admirateurs. Une sorte de 'romantisme décadent' apparaît aussi le long du Ludwig-Main-Donau-Kanal. Barrages hors service et fossés envahis par les herbes sauvages constituent des motifs recherchés pour peintres et photographes. Par contre il sera difficile de trouver un air de romantisme sur les bords du nouveau Rhein-Main-Donau-Kanal. Les interventions dans la nature sont encore trop fraîches. Un paysage d'un tout nouveau type a été créé avec les eaux endiguées artificiellement de l'Altmühl, près de Gunzenhausen, ainsi que les cours d'eaux du Brombach et de l'Igelsbach plus à l'est. Cette ancienne région de culture à caractère essentiellement rural fait surgir brusquement une attraction touristique: le 'Neue Fränkische Seenland' (le récent paysage de lacs franconiens).

Carrefour de l'historie allemande et européenne

À cette diversité naturelle de la Franconie Moyenne correspond toute une richesse architecturale et monumentale, qui a ses origines dans l'histoire mouvementée du pays, connu des historiens comme 'Fleckerlteppich' (tapis patchwork) nord-bavarois. De nombreuses seigneuries parmi lesquelles la maison des Zollern, mais aussi d'innombrables petits et moyens comtés, chevaleries et paroisses ont imprégné l'histoire de cette région.

Les origines de l'historie franconienne remontent aux Romains qui avaient étendu leur domination jusqu'aux rives de l'Altmühl. Gunzenhausen était le fort le plus septentrional de l'enceinte du Limes que devait protéger la province romaine de Raetia contre les invasions des Celtes et Germains. Elle a tenu du reste jusqu'en 233 après J.C., jusqu'à l'arrivée de Alamans qui envahirent les provines frontalières romaines. Dans l'actuel district de Weißenburg-Gunzenhausen on a dégagé, il y a quelques années, multiples monuments et fortifications romains. Le 'Römerschatz de Weißenburg' (trésor romain) jouit d'un renom assez important avec ses 134 pièces dont 16 statues représentant des dieux, en parfait état.

Le Moyen Âge a été pour la Franconie une période mouvementée; en partant de sa construction paisible sous le roi franconien Charles, jusqu'aux grandes guerres de religion avec leurs ravages désastrueux. Avec l'installation des Francs dans le pays, et avec le développement sous les Carolingiens et Mérovingiens, la région gagna rapidement de l'importance. Cette évolution alla de pair avec l'évangélisation, importée d'Irlande par Boniface et Willibald, Wunibald et Walburga, et qui, à partir d'Eichstätt, erigèrent un grand nombre de monastères dans la Franconie méridionale. Dans nombreuses églises on peut encore trouver des traces datant de l'époque carolingienne et romane; qu'il s'agisse de la partie inférieure d'une tour, ou de la nef centrale comme p.ex. à Heilsbronn ou à Heidenheim.

Le déclin de l'Empire Franconien constitua aussi la fin de l'unité entre l'État et l'Église, entre le pouvoir réligieux et laïque. A côte du pouvoir central apparurent des souverains, qui, enrichis et renommés, se créèrent de petits empires sur leurs domaines. Et à côte de l'omnipotence de l'Église, se dévéloppa la bourgeoisie éclairée, qui, à partir de l'époque gothique, commença à participer à la vie culturelle. Puis vint la grande époque des villes, notamment des villes libres, non soumises à l'autorité de l'empereur, qui se développèrent sous les Staufer et qui furent dotées de droits importants.

Nuremberg, Rothenburg ob der Tauber, Bad Windsheim et Weißenburg étaient de fières citadelles de l'artisanat et du commerce. "Nürnberger Tand geht in alle Land" (la pacotilles nurembergoise va dans tous les pays) – disait on en cette epoque. Les somptueuses cathédrales gothiques de St. Lorenz et St. Sebald à Nuremberg ne sont que les témoins les plus apparents de la prospérité du haut Moyen Âge.

Avec ses innombrables forteresses, la chevalerie libre, donc non soumise à l'empereur enrichissait le paysage entre la Wörnitz et la Pegnitz, comme les taches de couleur sur un tableau de peinture. Il suffit de nommer ici Colmberg, Pappenheim et Veldenstein. Mais, avant tout, c'est la 'Kaiserburg' de Nuremberg qui a aidé la Franconie Moyenne à se faire un renom en tant que 'Burgenland' (pays de forteresses).

Si paisible que fut le début du Moyen Âge, si turbulente fut sa fin sur le territoire allemand. Ce sont surtout le régions franconiennes entre le Main et la Danube qui ont beaucoup souffert des troubles guerriers vers la fin de l'époque médiévale, jusqu'à ce qu'elles fussent dévastées, dépeuplées et se retrouvèrent désertées. C'est justement pendant la Guerre de 30 ans que la Franconie Moyenne a dû expier ce qui lui était propre: à savoir, d'être un carrefour de l'histoire allemande. Les immenses mouvements de troupes de l'armée de Wallenstein et celles du roi de Suède, Gustav Adolf, ont apporté beaucoup de misère à la population franconienne. En assassinant et en pillant, les soldats laissèrent derrière eux des régions complètement détruites.

Il fallut presque cinquante ans pour commencer à reconstruire.

C'est avec le règne du dernier margrave brandebourgeois, Alexandre, que prend fin l'importance de la Franconie en tant que pays entre les frontières de l'histoire européenne. Par les décisions du Congrès de Vienne en 1815, la Franconie est rattachée définitivement au nouveau Royaume de Bavière, jusqu'à ce qu'elle soit divisée, sous le roi Louis I, plus ou moins arbitrairement, en trois districts administratifs: Franconie du Sud, celle du Nord et Franconie Moyenne.

Arts et Contemplation

Les curiosités essentielles de la Franconie Moyenne proviennent surtout du grand reservoir constitué par les monuments baroques du XVIIème siècle, quand les margraves commencèrent de leur vivant à faire ériger des monuments. Que ce soit à Ansbach ou à Erlangen, à Roth ou à Triesdorf: partout le architectes princiers nous ont laissé des témoignages de la joie de vivre typiquement baroque. Mais également dans la peinture et dans la sculpture, et en ce qui concerne l'artisanat, la Franconie Moyenne constitue un véritable écrin. C'est de l'époque du haut Moyen Âge surtout que proviennent les objets réligieux qui représentent aujourd'hui des trésors d'art d'une importance considérable. Le 'Heilig-Blut-Altar' (l'autel du sang sacré) de Rothenburg du maître Tilmann Riemenschneider est l'un des plus précieux. L'artiste nurembergois Albrecht Dürer inaugure dans l'art de la peinture le temps modern. Ses estampes et ses tableaux marquent le début d'une nouvelle ère dans l'art, la 'Dürerzeit'. En grand nombre les artistes venaient en pélérinage dans la métropole franconienne pour s'inspirer de l'école de Dürer. Nuremberg devint le centre de la peinture et de la sculpture et se décora elle-même d'une centaine de fontaines et de petits monuments qui, aujourd'hui encore, donnent à cette ville son attrait particulier.

D'une grande célébrité jouissent aussi la forge rouge d'un Peter Vischer, les oeuvres d'art de l'orfèvre Wenzel Jammitzer, les sculptures sur bois de Veit Stoß et les statues en pierre d'un Adam Krafft.

Mais la Franconie Moyenne n'a pas que des choses spectaculaires à offrir. Elle est aussi capable de créer une harmonie parfaite dans les détails. Elle ne serait pas franconienne, s'il n'y avait pas le calme et la contemplation rêveuse loin des points d'attractions touristiques, s'il n'y avait pas des endroits tels que Kairlindach ou Stetten, où tout le village participe encore à une noce ou à un baptême. Que serait la Franconie Moyenne s'il n'y avait pas le moulin abandonné avec sa meule moussue qui dort au milieu des orties: s'il n'y avait pas les croix en pierre effritées au bord des chemins ou l'étang entouré de roseaux, prés de l'ancienne maison des pompiers.

Que ce soit sur la Frankenhöhe ou dans la Frankenalb, sur les bords de l'Aisch ou de la Rednitz, il est encore possible de vagabonder en parcourant à pied le pays de long en large, de demander aux aubergistes un gîte, même si ces derniers n'offrent pas de "chambres à louer". Dans cette région c'est encore possible de s'allonger et de rêver dans les prés ou de se baigner dans l'étang villageois envahi par les algues.

La Franconie Moyenne nous offre encore les deux: nature et culture, et ses habitants peuvent encore parler avec fierté de leur Franconie Moyenne romantique.

Bizarre Felsgruppen an den Ufern der Pegnitz locken, wie hier bei Lungsdorf, Kletterfreunde aus nah und fern an.

Bizarre rock groups on the banks of the Pegnitz, as here near Lungsdorf, attract climbing enthusiasts from near and far.

Rochers escarpés sur le rives de la Pegnitz, comme à Lungsdorf, attirent maints amateurs de l'alpinisme de près et de loin.

I. Die Landschaft

Mittelfranken ist von Natur aus mannigfaltig: weit ausladende Täler, steile Anhöhen und sanft abfallende Ebenen gesellen sich hier zu tief eingeschnittenen Flußbetten und leicht hügeligen Alblandschaften. Imposant heben sich bei Rothenburg die Frankenhöhe und bei Scheinfeld der Steigerwald aus der Ebene empor. Sie bilden den westlichen Rand des großen Mittelfränkischen Beckens, das im Osten und Süden von den Höhenzügen der Frankenalb umgrenzt wird, jenem Wechselspiel von bizarrer Felslandschaft und südlich anmutendem Heideland. Jede dieser Landschaften ist von besonderer, erdgeschichtlich bedingter Beschaffenheit. Die Muschelkalkböden im Westen, das Keuperland mit seinen Sandsteinböden oder die kalkhaltigen Jurahöhen im Osten: sie alle tragen auf ihre Weise zur Vielfalt des Landes bei, das gerade deshalb als Urlaubsland geschätzt wird.

Die „Hersbrucker Schweiz": liebliche Berglandschaft, verträumte Täler und schmucke Dörfer. Entlang des Veldensteiner Forstes windet sich die Pegnitz, die Seele dieser anmutigen Landschaft, nach Süden, wo die Burg Veldenstein eine Symphonie eröffnet aus Fluß- und Burgenromantik – mit den Sätzen Neuhaus, Velden, Vorra und Hersbruck. Wie in der Musik, so sind es auch hier die Zwischentöne, die das Gesamtwerk abrunden: die Seitentäler des Hirschbachs, des Etzelbachs und des Sittenbachs, Arrangements aus „abenteuerlich ausgewitterten Felsspitzen" in „engen Felswandtälern mit frischgrünem Gebirgswasser". Schon Viktor von Scheffel wußte sich für diese Gegend zu begeistern. Lungsdorf, Artelshofen, Alfalter und Eschenbach – bevorzugte Standorte für die Eroberung bizarrer Kletterfelsen, lohnende Ziele für die geruhsame Wanderung zu Fuß und willkommene Zwischenstationen für die abwechslungsreiche Tour auf dem Rad oder im Boot.

Südlich von Lauf erhebt sich der Moritzberg, der „Hausberg der Nürnberger", als Vorbote der Frankenalb. Mit seinen wildromantischen Rhätschluchten und seinem ausgedehnten Netz von Wanderwegen zieht er seit altersher Naturliebhaber und Bergfreunde an. Das idyllische Rockenbrunn war schon im 17. Jahrhundert als „Lustplatz" begehrt. Hier trafen sich auch die Poesiefreunde des „Pegnesischen Blumenordens", der ältesten literarisch-poetischen Gesellschaft Deutschlands, um sich der „Pflege der edlen Dichtkunst" sowie der „Reinigung der deutschen Sprache" zu widmen. Um ein Haar wäre der Moritzberg unter Kaiser Ludwig I. als Standort der Walhalla, jenes nationalen Denkmals bei Regensburg, auserkoren worden.

Neben den Wasserrädern an der Regnitz und den Hammerwerken bei Roth sind es vor allem die zahlreichen Mühlen entlang der mittelfränkischen Flüsse, die uns in ihren Bann ziehen. Da stoßen wir bei Wittelshofen an der Wörnitz auf eine ehemalige Mahl- und Sägemühle, deren neuer Besitzer keine Mühe gescheut hat, die verblaßten Fassaden wieder ins rechte Licht zu rücken. Im Hauptgebäude selbst könnte man meinen, der Müller sei nur mal eben fortgegangen, so gut ist alles erhalten geblieben.

Eine regelrechte Mühlenlandschaft begegnet uns an der Tauber, wo wir bei Rothenburg nahezu alle zwei Kilometer auf eine Mühle stoßen.

Dort, wo wir die Mühltechnik durchschauen können, da fasziniert sie uns: wenn wir am aufgestauten Mühlbach stehen und sehen können, wie die hochgezogenen Schütze des hölzernen Wehres das Wasser in die Radstube eindringen lassen, und so die mächtigen Mühlräder in Bewegung geraten; wenn wir im Mühleninnern das imposante Mahlwerk entdecken mit den beiden Mahlsteinen, dem feststehenden Bodenstein und dem vom Wasser bewegten „Läufer"; und wenn wir schließlich noch den Unterschied erfahren zwischen dem Schrotgang und dem Mahlgang, zwischen Grieß und Mehl, dann wird diese jahrhundertealte Technik zum Erlebnis.

Eine in Bayern wohl einmalige Landschaft begegnet uns im Städtedreieck Neustadt-Erlangen-Höchstadt: die fränkische Weiherlandschaft zwischen Aisch und Regnitz. Der hohe Rücken und die gedrungene Form, das sind die Merkmale des „Aischgründer Spiegelkarpfens", der hier in Tausenden von Weihern gezüchtet wird. Zurück geht die Karpfenzucht auf die Klosterinsassen des frühen Mittelalters, die den schmackhaften Fisch als Fastenspeise bevorzugten. Heute sind es die Nürnberger, die nicht genug von „Karpfen gebacken" und „Karpfen blau" auf den Tisch bekommen können.

Es ist schon ein besonderes Landschaftserlebnis, dieses Wechselspiel von Weihern, Feldern und Wäldern, die hier nahtlos ineinander übergehen. Da ständig neue Teiche angelegt werden, kann es vorkommen, daß ein Dorf sich zur

Gemächlich schlängelt sich die Wörnitz bei Wittelshofen am Hesselberg vorbei. Mit seinen 689 Metern zählt er zu den höchsten Erhebungen Nordbayerns. Ein geologischer Lehrpfad führt den interessierten Wanderer durch 45 Millionen Jahre Erdgeschichte. Der Rundgang beginnt in Wittelshofen.

The Wörnitz, near Wittelshofen, meanders leisurely past the Hesselberg. 689 metres high, it is one of the highest elevations in northern Bavaria. A study path leads interested hikers through millions of years of geological history. The path starts in Wittelshofen.

Autour du Hesselberg, près de Wittelshofen, serpente lentement la Wörnitz. Avec ses 689 m de hauteur, le Hesselberg et l'une de collines les plus hautes de la Bavière du nord. Un itinéraire géologique accompagne l'excursionniste à travers de millions d'années de géologie. Le tour commence à Wittelshofen.

Franken ist reich an alten Mühlen. Die ehemalige Schloßmühle von Ruffenhofen bezaubert durch ihre idyllische Lage am Ufer der Wörnitz.

Franconia is rich with old mills. The former palace mill of Ruffenhofen is particularly charming with its idyllic position on the banks of the Wörnitz.

La Franconie est riche en moulins. L'ancien moulin du château de Ruffenhofen nous enchante par son emplacement idyllique au bord de la Wörnitz.

Insel entwickelt. Rodensaß ist ein solches Beispiel.

Zwischen den beiden Flußsystemen des Rheins und der Donau verläuft die europäische Hauptwasserscheide. Sie stellt eine ständig umkämpfte Trennlinie dar, die im Laufe der Erdgeschichte immer weiter zugunsten des nördlichen Flußsystems verschoben wurde. So haben die Herausbildung der Alpen und der Einbruch des Oberrheingrabens eine Umkehrung der Fließrichtung von Main und Rednitz bewirkt, die bis dahin der Donau zuströmten.
Seit alters her bemühen sich die Menschen, eine Schiffahrtsstraße zwischen Main und Donau, zwischen Nordsee und Schwarzem Meer herzustellen. Erstmals versucht hat das Karl der Große im Jahre 793. Ob militärische oder zivile Absichten überwogen, das sei dahingestellt. Gescheitert ist sein Vorhaben an mangelndem Nachschub für die mehr als 7000 Arbeiter, an starken Regengüssen und an ungünstigen geologischen Voraussetzungen für den Kanalbau. Die Reste dieses Großprojekts kann man noch heute bestaunen: als „fossa carolina" am Rande des idyllisch gelegenen Dorfes mit dem bezeichnenden Namen „Graben". Es liegt zwi-

Die Wasserräder an der Regnitz dienten im „Knoblauchsland" zur Bewässerung der Gemüsefelder. Durch die Wasserkraft gelangt das edle Naß in einen Gießtrog, von wo aus es über eine Abflußrinne landeinwärts strömt. Das hier abgebildete mächtige Schöpfrad steht bei Möhrendorf.

The water wheels on the Regnitz irrigate the vegetable fields in "garlic land". Water power propels precious liquid through troughs, to flow over drainage channels into the land. The mighty bucket-wheel shown here is near Mchrendorf.

Les roues hydrauliques de la Regnitz servent dans le 'Knoblauchsland' à l'irrigation des champs de légumes. Par la force hydraulique, l'eau se verse dans un godet, d'où elle coule vers l'intérieur des terres. Cette immense roue à godets se trouve près de Möhrendorf.

Der Fachwerkbau war in den ländlichen Gegenden Mittelfrankens vorherrschend. Wie hier im sogenannten Scheunenviertel von Velden an der Pegnitz (oben) und in Kirchensittenbach (links) strahlt er Idylle und Behaglichkeit aus.

Framework buildings were prevalent in the rural areas of middle Franconia. As here in the barn quarter of Velden on the Pegnitz (above), and in Kirchensittenbach (left), they radiate cosiness and idyll.

La construction à colombages a été prédominante dans les zones rurales de la Franconie Moyenne. Ainsi dans le quartier des granges de Velden, sur les rives de la Pegnitz (en haut) et à Kirchensittenbach (à gauche), où elle dégage l'impression d'une paix idyllique et du bien-être.

Alljährlich im Frühsommer begeht die Bullenheimer Winzergenossenschaft ihr Weinfest. Hier am Bullenheimer Berg wächst der unter Kennern geschätzte Wein namens „Bullenheimer Paradies". Auch im benachbarten Ipsheim und in Weimersheim werden mittelfränkische Weine angebaut. In den südlichen Gefilden Frankens hat der Hopfenbau schon früh den Wein verdrängt.

Every year in early summer the Bullenheimer Wine-Growers' Association holds its wine festival. The wine "Bullenheimer Paradies", so appreciated by wine connoisseurs, is grown here on the Bullenheimer Berg. Wine is also grown in neighbouring Ipsheim and Weimersheim. In the southern regions of Franconia hop cultivation supplanted wine very early on.

Tous les ans en été, la coopérative viticole de Bullenheim organise sa 'fête du vin'. Sur le sol du Bullenheimer Berg prospère la vigne qui donne le vin "Bullenheimer Paradies", apprecié par les connaisseurs. Dans le voisinage, à Ipsheim et à Weimersheim, on cultive aussi la vigne franconienne. Dans les sphères méridionales, le houblon a déjà très tôt pris la succession de la vigne.

Aus dem Jahre 1341 stammt die erste urkundliche Erwähnung des Hopfenanbaus im Spalter Land. Es zählt zu den bedeutendsten Anbaugebieten Süddeutschlands. „In Spalt sieht man nur Himmel und Hopfen" heißt es in einem alten Sprichwort. Das trifft vor allem auf die Erntezeit, die zweite Augusthälfte, zu.

The first documentary mention of hop growing in the region of Spalt was recorded in 1341. Spalt is one of the most significant cultivation areas of southern Germany. "One only sees heaven and hops in Spalt" is an old saying. This applies particularly during harvest time, the second half of August.

La première mention documentaire de la culture du houblon dans les environs de Spalt date de 1341. Elles appartiennent aux régions houblonnières les plus importantes de l'Allemagne du sud. "A Spalt on ne voit que ciel et houblon", dit un proverbe ancien. Ceci est vrai, surtout à l'époque de la récolte, pendant la deuxième moitié du mois d'août.

schen Wettelsheim und Treuchtlingen und ist allemal einen Familienausflug wert.

Das zweite große Kanalbauprojekt, der Ludwig-Donau-Main-Kanal, war 1845 nach zehnjähriger Bauzeit zwischen Bamberg und Kehlheim durchgängig befahrbar. „Donau und Main für die Schiffahrt verbunden. Ein Werk, von Carl dem Grossen versucht. Durch Ludwig I König von Bayern neu begonnen und vollendet. MDCCCXLVI (1846)" heißt es auf einem wuchtigen Gedenkpostament bei Erlangen. Mit dem Zweiten Weltkrieg endete die Schiffahrt zwischen Main und Donau. Über Jahrzehnte hinweg ist das Gras an den Böschungen und Wehren gewachsen und so ist eine romantische Kanallandschaft entstanden, die nicht nur den Liebhaber der Technikgeschichte in ihren Bann zieht.

Aus dem Jahre 1384 stammen die ersten Nachrichten vom Hopfenanbau im „Spalter Land", das im August gleichsam in einem grünen Meer von schwerbehangenen Hopfenstangen versinkt. Die Trockenböden für den Hopfen sind in hochgiebeligen Fachwerkhäusern untergebracht, deren rote Dächer die Blicke des Wanderers förmlich einfangen. Das Mühlreisighaus bei Spalt und die Hopfensiegelhalle aus dem Jahre 1457 wären hier zu nennen. Bevor gegen Ende der fünfziger Jahre die Hopfenpflückmaschinen eingesetzt wurden, pflückte man die Dolden noch mit der Hand. Der Hergersbacher Bauer Georg Lang in seinem Buch ‚Mein Dorf in Franken': „Wurde der letzte Hopfen geholt, dann war das der Niederfall, ein richtiges Fest. Beim Heimfahren vom Garten wurde eine Fahne vom Pferdezuchtverein aufgesteckt. Durchs Dorf wurde gesungen. Abends gabs Faßbier. Junge Leute, die keinen Hopfen hatten, fanden sich ein. Meistens wurde Samstags gefeiert, dazwischen gabs Kaffee und Zwetschgenkuchen, der wurde gleich im Backofen gebacken, denn da wurden Unmengen verzehrt. War der letzte Strauß gepflückt, wurde die Stube ausgeräumt. Früher gab es viele junge Leute, die Mundharmonika spielen konnten, dann wurde getanzt und gesungen. Die alten Penner kriegten ein größeres Glas Schnaps und verschwanden dann in der Scheune."

Vielerorts in Mittelfranken finden wir Judenfriedhöfe, die uns mit ihrer eigenartigen Stimmung gefangennehmen. Wie dieser in Obernzenn (links) erinnern sie uns an die Kultur und das Schicksal des jüdischen Volkes.
Das Steinkreuz von Neunstetten (rechts) steht in einer Reihe mit sechs weiteren, die der Sage nach zur Sühne für eine hier verübte Bluttat errichtet wurden.

Jewish cemeteries are to be found in many places in Middle Franconia. Their special atmosphere is captivating. They remind us, as here in Obernzenn (left) of the culture and fate of the Jewish race.
The stone cross in Neunstetten (right) stands in a row with six others. Legend has ist that it was erected as atonement for a bloody deed perpertrated on that spot.

Dans plusieurs endroits de la Franconie Moyenne on rencontre des cimetières juifs, qui nous captivent avec leur atmosphère singulière. Comme celui de Obernzenn (à gauche) ils nous rappellent la culture et le sort du peuple juif.
La croix en pierre de Neunstetten (à droite) se trouve, avec six autres, dans une file qui, d'après la légende, fut élevé pour l'expiation d'un crime commis en cet endroit.

Westlich von Burgthann stoßen wir in der Nähe der Pfeffermühle auf die Überreste des alten Ludwig-Donau-Main-Kanals, der unter dem bayerischen König Ludwig I. um die Mitte des vergangenen Jahrhunderts erbaut wurde. Bereits bei der Fertigstellung war er durch die technische Konkurrenz der ersten Eisenbahn überholt.

West of Burgthann, near the Pfeffermühle, we come across the remains of the old Ludwig-Donau-Main canal, built around the middle of the last century under the Bavarian King, Ludwig I. On completion it was already overtaken by the technical competition of the first railway.

À l'ouest de Burgthann, près de la Pfeffermühle, on trouve les ruines de l'ancien Ludwig-Donau-Main-Kanal, qui fut amenagé sous le roi bavarois Louis I vers le milieu du XIXème siècle. Déjà à l'époque de son achèvement, il était dépassé par la concurrence technique du premier chemin de fer.

Der „Altmühlsee" (oben) wird unter Surfern als „Geheimtip" gehandelt. Mit seinen 4,3 qkm Wasserfläche braucht er einen Vergleich mit dem oberbayerischen Königssee oder Kochelsee nicht zu scheuen. Eine 120 Hektar große Flachwasser- und Inselzone wird von der heimischen Vogelwelt als geschütztes Brut- und Rastrevier in Anspruch genommen.
Der Kleine Brombachsee (links) hat sich schon kurz nach seiner Flutung im Jahre 1985 zum beliebten Badeausflugsziel gemausert.

The "Altmühlsee" (above) is a special attraction for surfers. With 4,3 square metres water surface, it is comparable to the Königssee or Kochelsee in upper Bavaria. A shallow water and island area of 120 hectares has been taken over by the indigenous bird population as a sanctuary.
The "Small Brombachsee" (left) quickly became a popular bathing attraction after its flooding in 1985.

Le 'Altmühlsee' (en haut) est consideré comme un conseil secret parmi les 'surfer'. Avec une surface de 4,3 km^2 il ne doit pas craindre une comparaison avec le Königssee ou avec le Kochelsee. Un terrain de 120 hectare avec eaux peu profondes et îlets offre une favorable zone protégée à la couvée et au repos des oiseaux indigènes.
Le 'Kleine Brombachsee' (à gauche) est devenu, peu de temps après son noyage un lieu d'excursion apprécié.

Wie hier bei Biengarten gibt es entlang der Aisch unzählige Fischteiche, die zur Bildung eines eigenen Landschaftstyps, der sogenannten Fränkischen Weiherlandschaft, beitragen. Im September ist „Abfischzeit". Jährlich werden in Mittelfranken ca. 3000 Tonnen Karpfen, Waller und andere Süßwasserfische erzeugt, das sind ca. 40% des Gesamtvolumens in der Bundesrepublik.

There are innumerable fish ponds along the Aisch, as here in Biengarten, that contribute to the formation of a special type of scenery, the so-called Franconian pond landscape. In September it is fishing off time. In middle Franconia approx. 3,000 tons of carp, sheath and other freshwater fish are produced each year, around 40% of the total amount in the Federal Republic of Germany.

Une centaine de viviers, comme à Biengarten, se situent le long de l'Aisch et forment un paysage à part, le 'paysage d'étangs franconien'. Au mois de septembre les viviers vont être dépeuplés. Par an, la Franconie Moyenne produit 3000 tonnes de poissons d'eau douce, ça fait 40% du volume total de la RFA.

II. Kirchen und Klöster

Von der Romanik zum Barock

Das Münster von Heidenheim am Hahnenkamm bietet eine der wenigen Gelegenheiten in Mittelfranken, die romanische Kirchenkunst in Reinform zu studieren. Durch den Westchor treten wir ein. Schon nach wenigen Schritten umfängt uns der in Stein gefaßte Wunsch nach Ausgeglichenheit, beeindruckt uns das in den klaren Formen sichtbar werdende Harmoniestreben dieser Zeit, überzeugt uns die tiefe Religiosität, die hinter einer leidenschaftslosen Kühle steckt. Mönchische Strenge spricht zu uns aus der Robustheit, aus der Schwere der festen Formen. Ausgewogen erscheint das Spiel von Kreis und Kubus, von vertikal und horizontal strebenden Kräften. Es verrät uns die Sehnsucht des romanischen Menschen nach einer Welt der Ordnung und des Friedens. Das Leben in Christus und für Christus als Bastion gegen die am Horizont aufziehende Neue Zeit. Die zunehmenden Querelen zwischen Kirche und Kaiser um die Vorherrschaft im Lande ebnen bereits den Weg für die Emanzipation des Irdischen, für ein Nebeneinander von Diesseits und Jenseits. Es ist dies die Zeit des großen Umbruchs. Vom Jahr 1050 etwa bis 1350. Keine Erneuerung oder Rückbesinnung, ein wirklich neues, diesseitsbejahendes Leben in freilich bleibender Ehrfurcht vor Gott und den Seinen. Wir verlassen das Hahnenkammkloster, das uns von dieser Neuen Zeit nur spärliche Kunde gibt.

In Heilsbronn finden Sie eine ebenso schöne Basilika, reichlich ausgestattet zudem mit Hochgräbern des Fürstentums Brandenburg-Ansbach. Die Grablege der Hohenzollern. Vorromanisches ist im Altmühltal zu sehen, in der St. Galluskirche in Pappenheim und in der Grabstätte des Heiligen Sola in Solnhofen.

Jetzt aber auf nach Nürnberg! Die Stadt der Gotik, die Stadt des ausgehenden Mittelalters, die Stadt der heranbrechenden Neuzeit. Nürnberg ist nie Bischofsstadt, nie Fürstenstadt gewesen. Kein weltlicher oder geistlicher Herr hatte hier das Sagen. Nürnberg, das ist die Stadt des an die Macht strebenden, des fleißigen, des lebensfrohen Bürgertums, wie auch die Gotik die Kunst des Bürgertums ist.

„Liebliche Leichtigkeit" nennt der Historiker Karl Bosl, was die neue, die gotische Kunst auszeichnet. Nicht mehr die letzten Dinge, sondern das Naheliegende, das Kreatürliche, das unmittelbar Erlebbare möchte man darstellen. Gott „wohnt in jedem Ding" und sei es noch so klein, und er erfreut sich all dieser Dinge, denn, so der Heilige Thomas, ein jedes Ding stimmt mit seinem Wesen überein. Die Natur, sie ist nicht länger die entseelte, bloß materielle Welt, die verdrängt, oder wenn, dann nur stilisiert dargestellt wird.

Eine innere Unruhe befällt die Menschen dieser Zeit, ein Drang in die Weite. Zur Unfähigkeit, sich mit einem Abschluß zufriedenzügeben, gesellt sich eine schier unersättliche Schaulust. Und so empfinden wir den gotischen Hauptchor der Lorenzkirche von Nürnberg als in Stein gehauene Unruhe, als ein immer Höher- und Weiterwollen des Menschen der gotischen Zeit. Die technische Erfindung des Spitzbogens, der Kreuzrippe und des Strebepfeilers stellt eine wahre Revolution dar in der Baukunst, ermöglicht erst diese grandiose Überbetonung der Vertikale. Nichts ist mehr zu spüren vom Ausgleich zwischen den waagrechten und den senkrechten Kräften der romanischen Basilika. Nichts scheint den Höhenrausch aufhalten zu wollen.

Der suchende Blick findet keine Ruhe. Unübersehbar der „Englische Gruß" von Veit Stoß (1517/18), der es hier in Nürnberg als Bildschnitzer zu hohem Ansehen gebracht hat. Die Verkündigung des Erzengels Gabriel an Maria, das Wunder von der Zuneigung Gottes ist es, das uns zuteil werden soll. Ein Kranz güldener Rosen weist auf die Natur hin, die in der Blume ihr neues Symbol erhält. Rosetten, Laubkonsolen, Blumengirlanden und Lilienfriese geben dem neuen Naturgefühl viel Raum, sich zu entfalten. Beim „Englischen Gruß" handelt es sich um eine Stiftung des hochangesehenen Patriziers Tucher, die ihm bereits zu Lebzeiten unsterblichen Ruhm einbrachte, wie all den anderen Spendern aus den Nürnberger Familien der Imhoff, Tetzel, Haller und Pirkheimer, deren Epitaphe wir hier überall antreffen.

Und dann dieses Sakramentshaus von Adam Krafft (1493-96) an der Nordseite des Hauptchores. Kniend hat er sich hier verewigt, sich selbst in Stein gemeißelt. Im Auftrag von Hans Imhoff schuf er eines der schönsten gotischen Denkmale der Stadt. Hochstrebend der ganze Aufbau, alle irdische Schwere von sich streifend, spielerisch im Detail, fast leichtfertig umgehend mit der neuen Technik. Alles strebt auf Christus zu, dessen Leib hier eine Herberge findet. Man wird der Gotik sicherlich gerecht, wenn man ihre Kirchen, sei es in Nürnberg, in Dinkelsbühl oder in Rothenburg vor diesem Hintergrund sieht und empfindet.

Fast 200 Jahre voll des Leides und des Elends gingen ins Land, bevor sich die neue, die barocke Kirchenkunst etablieren konnte. Jetzt ging es um die Repräsentation der Macht der absolutistischen Herrschaftshäuser.

Am Hof des Fürstentums Brandenburg-Ansbach fanden sich so bedeutende Kirchenbauer wie Gabriel de Gabrieli aus Graubünden ein,

Eines der wenigen Zeugnisse karolingischer Kirchenbaukunst finden wir in Solnhofen an der Altmühl. Von der Hl. Sola-Basilika sind beeindruckende Überreste erhalten geblieben. Im nördlichen Seitenschiff (im Hintergrund) befindet sich die Grabstätte des Heiligen Sola. Der aus Angelsachsen stammende Priester starb 794 in Solnhofen.

In Solnhofen on the Altmühl we can find one of the few testimonies to Carolinger ecclesiastical architecture. Impressive remains of the Sola Basilica still exist. The tomb of the Holy Sola is in the north aisle (in the background). The Anglo-Saxon priest died in 794 in Solnhofen.

À Solnhofen se trouve un de rares témoignages de l'architecture d'églises carolingiennes. De la basilique du St. Sola ont été conservé quelques vestiges impressionants. Dans la nef latérale du nord, (à l'arrière plan) se trouve le tombeau du St. Sola, qui, originaire de l'Angleterre, mourut en 794 à Solnhofen.

Das Kloster Heilsbronn wurde im Jahre 1132 unter Mitwirkung der Abenberger von Bischof Otto dem Heiligen von Bamberg gestiftet und von Mönchen aus Ebrach besetzt. Neun Jahre später wurde das Kloster an die Zisterzienser übergeben.
Die romanische Basilika ist nach dem Vorbild der Klöster Cluny und Hirsau errichtet. Inmitten des Langhauses entspringt die Quelle des „Hailsbrunnen". Darüber erhebt sich das Hochgrab der Kurfürstin Anna (gest. 1512).

In 1132 the cloister in Heilsbronn was donated by Bishop Otto the Holy from Bamberg, assisted by the Abenberger, and occupied by monks from Ebrach. The cloister was handed over to the Cistercians nine years later.
The Romanesque Basilica is modelled on the cluisters of Cluny and Hirsau. The source of the "Hailsbrunnen" originates in the middle of the longhouse. The grave of Electoress Anna (she died in 1512) rises above.

Le monastère de Heilsbronn a été fondé en 1132 par l'évêque St. Otto de Bamberg avec l'aide des habitants d'Abenberg et il fut habité par les moines d'Ebrach. Neuf ans plus tard le couvent a été livré aux cisterciens.
La basilique romane est construite selon le modèle des monastères de Cluny et de Hirsau. Dans le milieu de la nef centrale sourd le 'Hailsbrunnen'. Au-dessus s'élève le tombeau de la comtesse Anne (morte en 1512).

Der erste Bischof von Eichstätt, St. Willibald, sein Bruder St. Wunibald und St. Walburga, die Schwester der beiden, waren am Aufbau des Hahnenkammklosters in Heidenheim maßgeblich beteiligt. Das Langhaus vermittelt einen bleibenden Eindruck romanischer Kirchenbaukunst. Zahlreiche z. T. wertvolle Grabsteine zieren das nördliche Seitenschiff.

St. Willibald, first Bishop of Eichstätt, his brother St. Wunibald and their sister St. Walburga, played a major part in the building of the cloister in Heidenheim. The longhouse conveys a lasting impression of Romanesque ecclesiastical architecture. Many gravestones, some precious, decorate the north aisle.

Le premier évèque d'Eichstätt, St. Willibald, son frère St. Wunibald et leur soeur, Ste. Walburga, ont contribué de manière déterminante à l'érection du monastère du Hahnenkamm à Heidenheim. La nef centrale représente l'architecture typiquement romane. Une série de pierres tombales précieuses décore la nef latérale du nord.

die Brüder Karl Friedrich und Johann Wilhelm von Zocha aus Gunzenhausen, ihr Schüler Johann David Steingruber aus Wassertrüdingen und schließlich Leopold Retti aus Ludwigsburg. Sie schufen das, was wir heute gerne als „fränkische Markgrafenkirchen" herzeigen und von denen wir eine für Sie ausgewählt haben: die evangelisch-lutherische Pfarrkirche von Unterschwaningen, stellvertretend für die Gotteshäuser in Ansbach, Weidenbach, Windsbach, Rudolzhofen, Wald oder Aha.

Gleich mehreren Anliegen mußte diese Kirche gerecht werden. Sie diente, wie oben beschrieben, zunächst einmal der Repräsentation, in diesem Falle der der Schwester Friedrich II., Friederike Luise, die sich vor ihrem Gemahl, dem Ansbacher Markgrafen Carl Wilhelm Friedrich, hierher nach Unterschwaningen zurückgezogen hatte. Die „Gefangene von Schwaningen", wie der verstorbene Wilhelm Pültz sie in einem seiner romantischen Abenteuer-Romane bezeichnet hat. Zum anderen galt es, der spezifisch protestantischen Liturgie gerecht zu werden, die dem Wort Gottes ihr ganzes Augenmerk schenkt, die das Gemeinschaftserlebnis des Abendmahls fördern will und die Lehre vom allgemeinen Priestertum aller Gläubigen vertritt.

In beinahe vollkommener Weise ist es dem Bauherrengespann Steingruber/Retti gelungen, diese Vorgaben in den Bau der Unterschwaninger Hofkirche einfließen zu lassen. Wir stehen inmitten des in Blau und Gold gehaltenen Saalbaus. Die Emporen schwingen sich auf zwei Ebenen um das Saalinnere, gestützt von geschwellten toskanischen Holzsäulen. Ihr gerundeter Abschluß ermöglicht im Osten die Bildung eines querovalen Altarraums.

Die Geistlichkeit sucht die Nähe zum gläubigen Volk, zelebriert gemeinsam mit ihm das Abendmahl. Die weltliche Macht hat daran teil, als gleichberechtigter Part im Westen des Saales, in einer eigenen Fürstenloge, die als Abschluß der Emporen in die Harmonie des Raumes eingeordnet erscheint. Dort ist auch das Bildnis der Markgräfin Christine Charlotte zu sehen mit ihrem erstgeborenen Sohn, dem späteren Markgrafen Carl Wilhelm Friedrich. Es gibt uns Gelegenheit, darüber nachzudenken, daß hier in Unterschwaningen eine der imposantesten Schloßanlagen Süddeutschlands stand, von der heute nur noch das von Zocha erbaute Sommerpalais zu sehen ist.

Am beeindruckendsten ist die östliche Vertikale, bestehend aus Taufstein, Altar, Kanzel und Orgelempore. Dreiachsig der Altaraufbau mit ionisch anmutenden Freisäulen und elegant gefelderten Pilastern. Kanzel und Orgel graziös geschweift. Und überall der Kreis in all seinen Spielarten. Eine Symphonie, ein Meer aus Blau und Gold, eine würdevolle Schlichtheit mit verzaubernder Wirkung. Kein barocker Pomp. Es muß nicht immer gleich Vierzehnheiligen oder Birnau sein. Auch Unterschwaningen ist Barock. Fränkischer freilich ...

Neben diesen für die Barock-Epoche als herausragend geltenden Sakralbauten sind es aber auch die vielen kleinen und mittleren Dorfkirchen, deren besonderer Reiz in ihrer Stilführung, in ihrer Buntscheckigkeit liegt, und die unsere Beachtung verdienen.

Da ziert den romanischen Turm mit seinen wuchtigen Buckelquadern der elegant wirkende gotische Aufbau mit Ziergesims und Spitzbögen. Da findet sich das neugotische Kirchenfenster in der nüchternen Fassade aus vorgotischer Zeit. Und da gesellt sich die puttenbestückte Barockkanzel zum gotisch-vornehmen Grabstein. Und das alles in ein und derselben Kirche! Was allerdings nicht verwunderlich ist. Unzählige Kirchen haben sich von der kleinen Holzkirche zur basilikaähnlichen Steinkirche mit Langhaus und Seitenschiffen entwickelt. In der Epoche der Gotik ersetzte man dann den apsidenförmigen romanischen Chor durch den meist das Langhaus überragenden mehrbogigen Chorbau. Gerade nach dem Dreißigjährigen Krieg, als die Mittel für den

Im Jahre 1260 wurde mit dem Bau der heute evangelischen Stadtpfarrkirche St. Lorenz begonnen. Die Westfront besteht aus zwei Türmen mit je sechs unterschiedlich hohen Geschossen. Beherrschend sind das spitzbogige Figurenportal mit den Wappen Kaiser Karls IV., die kunstvoll gearbeitete Fensterrose und die elegant wirkende Giebelzone.

The construction of the Protestant city parish church of Nuremberg, St. Lorenz, began in 1260. The west face consists of two towers, each with six storeys of different height. Dominating are the arms of Emperor Karl IV, the artistically worked rose window and the elegant gable area.

En 1260 on a commencé avec la construction de l'église parroissiale, aujourd'hui protestante, de St. Lorenz à Nuremberg. La façade de l'ouest est formée par deux tours, chacune avec six étages d'une hauteur différente. En outre, le portail ogival avec l'emblême de l'empereur Charles IV est dominé par la magnifique rosace et l'élégant fronton.

In die Zeit der Spätgotik fällt der Bau der heute evangelischen Pfarrkirche St. Johannis von Ansbach. 1435 wurde das imposante Langhaus vollendet. Es folgte der hochaufstrebende Chor. Zweijährlich finden hier während der Bachwoche Konzerte statt, die von weither besucht werden. Die Aufnahme stammt aus dem August 1985.

The Protestant parish church of St. Johannis von Ansbach was built in the late Gothic period. The imposing longhouse was completed in 1435. The soaring chancel was added later. Concerts are held here twice-yearly during the Bach Weeks, and are visited from far and wide. This picture was taken in August 1985.

À l'époque gothique fut crée l'église paroissiale, aujourd'hui protestante, de St. Johannis d'Ansbach. En 1435, l'imposante nef centrale a été achevée. Le choeur immens l' a suivi. Pendant la 'Bachwoche', qui retourne tous les deux ans, y ont lieu plusieurs concerts recherchés. La photo a été prise en août 1985.

Im Jahre 1519 wurde der Reliquienschrein aus der Werkstatt Peter Vischers mit den Gebeinen des Hl. Sebald im Innern der ev. luth. Stadtpfarrkirche St. Sebald aufgestell (oben links). Das Brautportal (oben rechts) und das Marienportal (unten links) stammen aus der Werkstatt des berühmten Katharinenmeisters. Am Fuße des Sakramentshauses (unten rechts) im Chor der St. Lorenzkirche hat sich der Baumeister Adam Krafft selbst als hockende Gestalt samt zwei Gesellen verewigt.

In the year 1519 the reliquary from the workshop of Peter Vischer, together with the remains of the Holy Sebald, was set up in the Protestant city parish church of St. Sebald (above left). The Brautportal (above right) and the Marienportal (below left), originate from the workshop of the famous Katharinen craftsman. The base of the sacrament house (below right) in the chancel of the St. Lorenz church. Adam Krafft, the master builder, immortalised himself here as a kneeling figure together with two associates.

Le 19 juin 1519 fut installé dans l'église paroissiale, aujourd'hui protestante, de St. Sebald le reliquaire de l'atelier de Peter Vischer avec la dépouille mortelle de St. Sebald (en haut, à gauche). Le 'Brautportal' et le 'Marienportal' provienent de l'atelier d'un renomé maître Katharine. Au pied du tabernacle (en bas, à droite), dans le choeur de l'église St. Lorenz, c'est le maître Adam Krafft qui s'est immortalisé en tant que personnage à genoux, accompagné de deux compagnons.

Kirchenbau nur spärlich flossen, vollzog man die Anpassung an den neuen Stil des Barock in kleinen Schritten. Meist wurden nur die Kanzel, der Taufstein und der Altar dem verspielt-prächtigen Trend angepaßt. So können wir viele Kirchen auf dem Lande als wahre kunstgeschichtlichen Lehrstücke betrachten.

Ein ganz anderer Kirchentyp begegnet uns im Umland von Nürnberg: es sind die zahlreichen Wehrkirchen und Kirchenburgen, von denen Kraftshof oder Hannberg hier stellvertretend zu nennen wären. Der wehrhafte Charakter der Kirchen geht zurück auf die Zeit, als die freie Reichsstadt Nürnberg gegen Reichsritter und Markgrafen in eine Dauerfehde zog und damit auch das Umland in Mitleidenschaft gezogen wurde. Die Kirchen mit ihrer geschlossenen Ummauerung, ihren wehrhaften Ecktürmen und ihren überdachten Wehrgängen boten den Gläubigen Schutz und Sicherheit. Eine seltsame Mischung aus Kirchen- und Burgenromantik tut sich hier auf. Eine sehenswerte allemal.

Wie die Pfarrkirche von Weidenbach sollten alle sogenannten Markgrafenkirchen dem Ansehen ihres fürstlichen Bauherrn dienen. Die ehemalige St. Georgskirche wurde in den Jahren 1735/36 nach Entwürfen des Ansbacher Hofbaumeisters Leopold Retti errichtet.

All margrave churches, as here the parish church of Weidenbach, illustrated the prestige of their princely building owners. The former church of St. Georg, built in the years of 1735 and 1736, was designed by Leopold Retti, court architect of Ansbach.

L'église paroissiale de Weidenbach, et toutes les églises margraves, devaient symboliser le prestige de leur maître d'oeuvre princier. L'ancienne église St. Georges a été construite en 1735/36 selon les projets de l'architecte princier d'Ansbach, Leopold Retti.

Das Innere der Unterschwaninger Pfarrkirche zur Heiligen Dreifaltigkeit fasziniert nicht nur den Liebhaber des „Fränkischen Barock". Der Kanzelaltar ist typisch für die protestantische Predigerkirche. Sie wurde nach Plänen Johann David Steingrubers in den Jahren von 1738 bis 1743 erbaut.

The interior of the Holy Trinity parish church of Unterschwaningen doesn't only fascinate admirers of Franconian Baroque. The pulpit altar is typical of Protestant preacher churches. It was built from 1738 to 1743 and designed by Johann David Steingruber.

L'intérieure de l'église paroissiale de la Sainte Trinité d'Unterschwaningen ne fascine pas seulement les amateurs du baroque franconien. La chaire est caractéristique pour les églises protestantes. Elle a été érigée de 1738 à 1743 d'après les plans de Johann David Steingruber.

III. Burgen und Schlösser

Mittelfranken ist eine wahre Burgenlandschaft, ein Paradies für alle, die schon beim Anblick des mit Zinnen bestückten, nur vom mächtigen Bergfried überragten Ritterpalais ins Schwärmen geraten. Der alteingesessene Grundadel war es, der in Franken ab dem 11. Jahrhundert begann, sich eigene Territorien zu schaffen. Dieser Adel baute die ersten Burgen als Wohnsitze und als Symbole seiner Macht. Es waren meist Höhenburgen auf steilem Fels oder Wasserburgen auf künstlich geschaffenen Flußinseln. Man distanzierte sich von seinen Untertanen. Viele dieser Wohnburgen wurden später zu Festungen und Residenzen ausgebaut, so die Burg der Rangaugrafen von Abenberg oder die der Herren von Kalentin, wie sich die Pappenheimer früher nannten.

Die Kaiserburg von Nürnberg drückt dagegen den Herrschaftsanspruch der salischen Könige aus. Später waren es die Stauferkaiser, die zur Verwaltung der Burg Beamte einsetzten, denen sie mit dem Burggrafenamt ein erbliches Lehen übertrugen. Als dieses in die Hände der Hohenzollern geriet, entwickelte sich neben der Kaiserburg eine mächtige Burggrafenburg. Es entstand eine unheilvolle Rivalität zwischen den Zollern, die die Stadt Nürnberg in ihre Stammlande einverleiben wollten, und der freien Reichsstadt, die sich dem mit allen Mitteln widersetzte. Diese Rivalität hat die Geschichte Mittelfrankens über Jahrhunderte geprägt. Die Nürnberger Burg konnten die Zollern nicht halten. Nachdem ihnen die Reichsstädter bereits einen Wachturm, den Luginsland, vor die Nase gebaut und zeitweilig die Burg besetzt hatten, gaben die Zollern nach und verkauften ihren Nürnberger Sitz im Jahre 1427. Sie ließen sich dann auf der Cadolzburg nieder, wodurch diese ehemalige ortsadelige Burg in das Rampenlicht der Weltöffentlichkeit geriet, bevor sie ihre Hauptresidenz in der Stadt Ansbach aufschlugen.

Nürnbergs Burg war von Anfang an zum Zweck der Repräsentation errichtet worden. 300 Aufenthalte von über dreißig Herrschern sind verzeichnet. Im Jahre 1356 verfügte Kaiser Karl IV., daß jeder neu gewählte König seinen ersten Reichstag auf der Burg an der Pegnitz abzuhalten habe.

So manchen Burgenbau verdanken wir den Auseinandersetzungen zwischen den Ansbacher Markgrafen und der freien Reichsstadt Nürnberg. Lichtenau wäre hier zu nennen. Im 16. Jahrhundert wurde diese Burg von den Nürnbergern als Bollwerk gegen die Ansbacher Fürsten errichtet. Nach ihrer Zerstörung durch Markgraf Albrecht Alcibiades im Jahre 1552 wurde sechs Jahre später der Grundstein für die noch heute stolze Veste Lichtenau gelegt. Als baugeschichtliche Besonderheit gilt die doppelläufige Wendeltreppe in einem der Festungstürme.

Als Veste wurde auch die Wülzburg ausgebaut, diesmal von Seiten der Ansbacher gegen die freie Reichsstadt Weißenburg. Die Ruinen der Burg Rothenberg bei Schnaittach sind noch als Teil einer gewaltigen Festungsanlage zu erkennen, die militärisch niemals eingenommen werden konnte.

Zum „Fleckerlteppich" ist Franken vor allem durch seine zahlreichen kleinen und mittleren Besitztümer am Rande der größeren Territorien geworden. Für ihre Verwaltungs- oder Kriegsdienste erhielten ehemals gemeinfreie Dorfangehörige vom König Lehen, die sie weitervererben konnten. So kamen die Angehörigen dieses „Niederen Adels" zu Grund und Boden und zum königlich verbrieften Recht des Burgenbaus. Die Burgen aber waren rechtsimmunes Gebiet. Kein Richter durfte ohne das Einver-

Die Nürnberger Kaiserburg entstand ursprünglich als salische Königsburg um die Mitte des 11. Jahrhunderts. Vom Süden her stößt man auf die Walpurgis-Kapelle, eine Chorturmkirche mit mächtigem Wehrturm, sowie auf den Sinnwellturm, der aus der Zeit der Staufer stammt. Mitte des 16. Jahrhunderts wurde er mit einem Zeltdach und einem Spitzhelmaufsatz versehen.

The imperial castle in Nüremberg originates from a middle 11th century Salic royal castle. From the south one comes across the Walpurgis chapel, a chancel tower church with an imposing defence tower, as well as the Sinnwell tower dating from the time of the Staufers. It was furnished with a tent top and steeple in the middle of the 16th century.

La 'Kaiserburg' de Nuremberg était, à l'origine, une forteresse salienne construite au XIème siècle. Arrivant par le sud on rencontre la chapelle de Walpurgis, une église avec une immense tour fortifiée, ainsi que la tour de Sinnwell qui date de l'époque des Staufer.

Die Entstehung der Gipfelburg Hohenstein (links) im nördlichen Mittelfranken reicht ins 11. Jahrhundert zurück. Aus dieser Zeit stammen die romanische Kapelle und das Untergeschoß des Palas. Nach weitgehenden Zerstörungen wurde die Burg im 17. Jahrhundert wieder aufgebaut.
Die Abenberger Burg (unten) geht auf das gleichnamige Geschlecht der mächtigen Rangaugrafen zurück. Später kam sie in den Besitz der Nürnberger Burggrafen.

The origins of the castle Hohenstein (left) in northern Middle Franconia reach back to the 11th century. The Romanesque chapel and basement of the main residential tract date from that time. The castle was rebuilt in the 17th century after extensive destruction.
The castle of Abenberg stems from the line of the same name of the powerful Rangau earls. Later it came in possession of the Nuremberg burgraves.

La construction de la forteresse Hohenstein (à gauche) remonte au XIème siècle. De cette époque date aussi la chapelle romane et le rez-de-chaussée du 'Palas'. Après avoir été détruite presqu'entièrement la forteresse fut reconstruite au XVIIème siècle.
La forteresse d'Abenberg a été édifiée par la maison les puissants comtes du Rangau du même nom. Plus tard elle entra dans la possession des burgraves de Nuremberg.

Die Burg Colmberg (oben) wurde im frühen 14. Jahrhundert durch die Nürnberger Burggrafen erworben. Die in ihren Ursprüngen romanische Anlage wurde bis ins 16. Jahrhundert hinein ausgebaut.
In Neuhaus an der Pegnitz erhebt sich das Schloß Veldenstein über dem Ort (unten rechts), das aus der romanischen Burg Neuhaus entstanden ist. Der weithin sichtbare Bergfried wurde im 13. Jahrhundert erbaut.
Das Geschütz (unten links) diente zur Verteidigung der Spitalbastei in Rothenburg.

The castle of Colmberg (above) was acquired by the burgraves of Nuremberg in the early 14th century. The original Romanesque structure was added to right into the 16th century.
The castle of Veldenstein towers above the town (below right) in Neuhaus on the Pegnitz. The castle originates from the Romanesque castle Neuhaus. The keep, visible from far and wide, was built in the 13th century.
The cannon (below left) served to defend the infirmary bastion of Rothenburg.

La forteresse de Colmberg (en haut) a été, elle aussi, acquise au XIVème siècle par les burgraves de Nuremberg. L'ouvrage, d'origine romane, fut aggrandi jusqu'au XVIème siècle.
A Neuhaus, aux rives de la Pegnitz, s'élève, au-dessus de la localité, le château de Veldenstein (en bas, à droite), qui tire son origine de l'ancienne forteresse romane de Neuhaus. Le donjon, que' l'on voit de loin, fut élevé au XIIIème siècle.
La pièce d'artillerie (en bas, à gauche), servit à la défense du bastion de l'hospice à Rothenburg.

Von 1400 bis 1456 war die Cadolzburg Sitz der Nürnbeger Burggrafen bzw. Residenz der zollerschen Markgrafen, bevor diese sich endgültig in Ansbach niederließen. Der stattliche Bau wird derzeit mit einem enorm hohen Kostenaufwand vom bayerischen Staat restauriert.

From 1400 until 1456 the Cadolzburg was the seat of the Nuremberg burgraves, as well as the margraves of Zollern, before they settled permanently in Ansbach. This stately building is being renovated by the Bavarian government at the moment at enormous cost.

De 1440 jusqu'en 1456 la Cadolzburg a été le siège des comtes de Nuremberg, ou, selon le cas, celui des margraves de Zollern, jusqu'à ce que ces derniers se soient définitivement installés à Ansbach. L'édifice majestueux est en train d'être restauré à grands frais par l'État Bavarois.

Die Burgruine von Leonrod im Bibertgrund weist auf eine ehemals stolze Wasserburg hin. Zwei Kilometer talabwärts befindet sich in Dietenhofen die Grablege der Herren von Leonrod.

The castle ruins of Leonrod in the Bibert valley are all that remain of a proud water castle. Two kilometres down the valley is the burial place of the Lords of Leonrod.

La ruine de la forteresse de Leonrod dans le 'Bibertgrund' nous laisse deviner une fière, forteresse ancienne, entourée d'eau. En descendant la vallée on trouve à Dietenhofen la sépulture des seigneurs de Leonrod.

Die katholische Pfarrkirche von Hannberg bei Erlangen ist eine der typischen Wehrkirchenburgen Mittelfrankens. Bis auf einige später erfolgte Einbauten ist die alte Wehranlage aus dem 15. Jahrhundert noch vollständig erhalten. In ihrer Bedeutung ist sie mit den Kirchenburgen von Kraftshof oder Effeltrich vergleichbar.

The catholic parish church of Hannberg near Erlangen is one of the typical amoured ecclesiastical castles of Middle Franconia. Apart from a few alterations added later, the 15th century defence structure has been completely preserved. Its significance is comparable with the ecclesiastical castles of Kraftshof or Effeltrich.

L'église paroissiale catholique de Hannberg, près d'Erlangen, est une des fortifiées caractéristiques églises de la Franconie Moyenne. Mis à part quelques détails, l'ancien rempart du XVème siècle est entièrement conservé. En ce qui concerne son importance, l'église de Hannberg est comparable à celles de Kraftshof et Effeltrich.

ständnis der Burgherren dessen Burg betreten. Colmberg, Pappenheim und Veldenstein waren einmal solche Burgen.

Doch als die schweren Feuerwaffen kamen, bedeutete dies für die meisten Ritterburgen das frühzeitige Ende. Sie waren einnehmbar, sie waren nutzlos geworden. Der heldenhaft kämpfende Ritter, hoch zu Roß und in voller Rüstung, hatte keinen Platz mehr in den großen Schlachten, die auf Distanz und in Reih und Glied geführt wurden. Viele sanken ins Raubrittertum ab, wo sie meist im Elend oder am Galgen endeten. Der Adel aber zog von den Berghöhen wieder hinunter ins Tal. Schlösser entstanden jetzt anstelle der Burgen.

Es ist schon eigenartig: als die Burgen noch von Rittern bewohnt wurden, strahlten sie kaum eine Spur von Romantik aus. Bis weit ins 15. Jahrhundert hinein gab es auf den meisten von ihnen kein Fensterglas, konnten die Räume nicht genügend beheizt werden und waren zumeist dunkel und stickig vor Rauch. Heutzutage überkommt es uns förmlich vor Gefühlen angesichts einer Burg, ob als Ruine, als umgebaute Jugendherberge oder als komfortabel eingerichtetes Romantik-Hotel.

Wie bei den mittelalterlichen Burgen, so gibt es auch bei den Schlössern kleine und größere Bauten, umgebaute Wasserburgen zumeist, schloßähnliche Anlagen mit kleinen Parks sowie große Residenzen mit prachtvollen Barockgärten. Viel Ausgefallenes und Merkwürdiges befindet sich darunter.

So errichteten die beiden reichsritterschaftlichen Familien der Freiherrn von Seckendorff-Gutend und der Seckendorff-Aberdar auf dem Grund einer ehemaligen Wasserburg zwei imposante Barockschlösser: das „Rote Schloß" und das „Blaue Schloß". Die Bezeichnung richtet sich nach dem ursprünglichen Anstrich der Schloßfassaden. Im Ort Obernzenn waren alle Wirtschaftsgebäude des jeweiligen Schloßherrn in der dem jeweiligen Schloß eigenen Farbe angestrichen. An manchem Gebäude ist der rote bzw. der blaue Farbanstrich noch heute erkennbar.

Heroldsberg kann gleich vier verschiedene Farben vorweisen. Das „Weiße Schloß", das „Grüne Schloß", das „Rote Schloß" und das „Gelbe Schloß" erhielten ihre Bezeichnung nach der ursprünglichen Farbe ihrer Fensterläden.

In Rügland hat man, wie bei vielen Schlössern im Fränkischen, das „alte" und das „neue" Schloß in einer gemeinsamen Architektur vereint. Aus dem Jahre 1611 stammt der Schloßflügel mit dem herrlichen Fachwerk. Zusammen mit dem Barockbau aus der Werkstatt Zochas bildet er eine sehenswerte dreiflügelige Anlage, was das Titelbild dieses Buches eindrucksvoll zeigt.

Das bedeutendste Schloß in Mittelfranken haben wir wiederum dem Haus der Zollern zu verdanken: die Ansbacher Residenz.

Was wir hier bewundern können, stammt vorwiegend aus dem 18. Jahrhundert, der Zeit des Barocks und des Rokoko. Die Baugeschichte läßt sich bis ins Jahr 1400 zurückverfolgen, als hier eine vom Burggrafen Friedrich V. errichtete Wasserburg stand. Doch es waren die Architekten Gabriel de Gabrieli, Karl Friedrich Zocha und Leopold Retti, die der Residenz in den Jahren von 1694 bis 1749 ihr heutiges Gesicht verliehen. In ihren Schauräumen begegnet uns die ganze Welt des Barocks. Den Glanz des Fürsten, den Ruhm des Bauherrn hervorzuheben, darin bestand die Aufgabe der Architekten. Was von außen noch als vornehme Zurückhaltung erscheint, wird in der Innenausstattung dann vollends Prunk und Pomp. Aus Italien, Belgien und Frankreich kamen sie angereist, die Stukkateure, die Zieseleure, die Kunstschreiner, die Bildhauer und die Maler. Es entstand so ein spezielles Gemisch, das man an der Rezat gerne den „Ansbacher Rokoko" nennt.

Kostbares Interieur ziert die Räume: wertvolle Lüster und Leuchter, Wandbehänge und Bodenbeläge, wunderbare Vasen, Porzellane

Das Ansbacher Schloß war von der Mitte des 15. Jahrhunderts bis zum Ende des 18. Jahrhunderts die Residenz der Markgrafen des Fürstentums Brandenburg-Ansbach. An seinem Bau wirkten so namhafte Künstler wie Gabriel de Gabrieli, Johann Wilhelm von Zocha und Leopold Retti mit. Die repräsentative Hauptfront entstand in der Zeit von 1709 bis 1735.

The palace of Ansbach was the residence of margraves of the principality of Brandenburg-Ansbach from the middle of the 15th century until the end of the 18th century. Such famous artists as Gabriel de Gabrieli, Johann Wilhelm von Zocha and Leopold Retti worked on the building. The representative main face came into being between 1709 and 1735.

Le château d'Ansbach a été, dès la moitié du XVéme jusqu'au XVIIIéme siècle, la résidence des margraves de la principauté Brandenbourg-Ansbach. Ses architectes furent Gabriel de Gabrieli, Johann Wilhelm von Zocha et Leopold Retti. La façade représentative fut construite de 1709 à 1735.

Das Spiegelkabinett im Ansbacher Schloß gehörte zu den Räumen der Markgräfin Friederike Luise. Eine Symphonie aus Weiß und Gold. Die verwirrenden Spiegelungen verraten uns noch heute etwas von der Verspieltheit des Barock. Die einzelnen Spiegel sind mit zahlreichen Putten geschmückt.

The mirror cabinet in the palace of Ansbach belonged to the chambers of Margravine Friederike Luise. A symphony in white and gold. The bewildering reflections reveal something of the playfulness of Baroque times. The individual mirrors are ornamented with many cupids.

Le cabinet des Glaces dans le château d'Ansbach faisait partie des appartements de la margrave Friederike Luise. Une sinfonie en blanc et en or. Les reflets déconcertés dénotent l'air folâtre du baroque. Chaque glace est décorée de plusieurs putti.

und die weithin geschätzten Ansbacher Fayencen, Konsoltische mit Marmorplatten, vergoldete Hocker, Wandkalender mit Chinoiserien, feuervergoldete Eisenrahmen, kostbare Schrankkommoden aus Mahagoni, Uhren aus aller Herren Länder und natürlich das vergoldete Baldachinbett des Markgrafen, das sich bei den Führungen immer größter Beliebtheit erfreut – es mag wohl an unseren heutigen, etwas nüchterner ausgestatteten Schlafstätten liegen.

Kaum weniger bedeutend als die Ansbacher Residenz und nicht minder typisch für die barocke Schloßbauweise ist das Schloß in Ellingen. Hier hatte der „Deutsche Orden" den Sitz seiner Ballei Franken. Was Ellingen für den Besucher so anziehend macht, ist eine selten gesehene Einheit von Schloß und Ort. Ganz Ellingen ist gewissermaßen aus dem Schloß heraus entstanden. So wurden vom Deutschen Orden nicht nur die Residenz, sondern auch die Pfarrkirche, das Rathaus und die Maximilianskapelle errichtet. In den an das Schloß heranreichenden Wohnvierteln waren die Angestellten der Schloßverwaltung zu Hause. Wer Ellingen besucht, glaubt heute noch etwas von dieser Bindung an das mächtige Schloß zu spüren.

Nach Plänen des Architekten Karl Friedrich von Zocha entstand 1726 die Ansbacher Orangerie als Einflügelanlage nach dem Vorbild des „Grand Trianon" in Versailles. Die Gartenfront zeigte nach Süden, wo sich der Hofgarten anschloß. Den Ansbacher Fürsten diente die Anlage im Sommer für ihre höfischen Festlichkeiten und im Winter als Gewächshaus.

The orangery of Ansbach was built as a single wing structure in 1726 to the design of Karl Friedrich von Zocha, based on the "Grand Trianon" in Versailles. The garden face points south, where it joins with the court garden. The princes of Ansbach used the building in summer for court festivities and as a greenhouse in winter.

Selon les plans de l'architecte Karl Friedrich von Zocha on a commencé, en 1726, avec la construction d'un bâtiment à une aile de l'Orangerie d'Ansbach, d'après le modèle du Grand Trianon de Versailles. La façade côté jardin donne sur le sud, où elle est contiguë à le Hofgarten (le jardin de la cour). Les princes d'Ansbach utilisaient cet édifice pendant l'été pour leurs fêtes, et durant les mois d'hiver comme serre.

Die Burg Schwarzenberg bei Scheinfeld am Steigerwald wurde 1607 durch einen Brand weitgehend zerstört. Elias Holl aus Augsburg fertigte die Pläne für das gleichnamige Schloß, das durch seine bauliche Vielfalt überzeugt.
Triesdorf wurde als Sommerresidenz der Ansbacher Fürsten erbaut. Das Weiße Schloß gilt als Haupthaus der weitläufigen Anlage. Mit dem Bau wurde unter dem Markgrafen Johann Friedrich 1682 begonnen. Wertvoll sind die zahlreichen Stuckdekorationen im Inneren des Schlosses.

The castle of Schwarzenberg near Scheinfeld in the Steigerwald was extensively damaged by fire in 1607. Elias Holl from Augsburg completed plans for the new palace of the same name. Its architectural variety is compelling.
Triesdorf was built as a summer residence for the princes of Ansbach. The Weiße Schloß ranks as the main building of the rambling structure. Building was begun in 1682 under the margrave Johann Friedrich. The many stucco decorations within the palace are valuable.

En 1607, la forteresse de Schwarzenberg près de Scheinfeld dans le Steigerwald fut détruite par un incendie. Elias Holl d'Augsburg termina les projets pour l'actuel château qui fascine les visiteurs par sa diversité architecturale. – Triesdorf a été prévu en tant que résidence d'été pour les princes d'Ansbach. Le 'Weiße Schloß' est consideré comme le bâtiment principal de l'ensemble. Le début de la construction, en 1682, se situe à l'époque du margrave Johann Friedrich. Une grande valeur possèdent les ouvrages en stucs à l'intérieur du château.

1705 begann man in Schillingsfürst mit dem Neubau des Schlosses anstelle einer zerstörten Burg. Es handelt sich um eine klassische Dreiflügelanlage in barockem Baustil. 1744 wurden die Hausherren, die Grafen von Hohenlohe, in den Reichsfürstenstand erhoben. Das mit wertvollen Stukkaturen ausgestattete Treppenhaus besticht durch die kunstvoll geschmiedeten Treppengeländer.

In 1705 in Schillingsfürst the construction of a new palace on the site of a ruined castle was begun. It was a classic three wing structure of Baroque architecture. In 1744 the owners, earls of Hohenlohe, were elevated to the rank of imperial princes. The staircase, decorated with precious stucco, stands out through the artistically wrought banisters.

À la place d'une forteresse détruite on a commencé en 1705 avec la construction du château de Schillingsfürst. Il s'agit d'une construction classique à trois ailes dans le style baroque. En 1744 les maîtres de céans, les comtes de Hohenlohe, furent promus au rang de princes imperials. La cage d'escalier, décorée de splendides ouvrages en stucs, attire les visiteurs par les balustrades artistiquement forgées.

Das ehemalige Deutschordensschloß von Ellingen zählt zu den schönsten barocken Schloßbauten Süddeutschlands. Im Innenhof befindet sich eine sehenswerte Hofkolonade aus der Zeit um 1780. Das Treppenhaus im Haupttrakt sucht seinesgleichen. Es führt hinauf zu den Fürstenzimmern, die ab 1815 von dem gefürsteten Feldmarschall Karl Philipp von Wrede bewohnt wurden.

The former palace of the Teutonic Knights Order, Ellingen, rates as one of the most beautiful Baroque palaces of southern Germany. The internal courtyard contains a remarkable colonnade from the time around 1780. The staircase in the main wing is unparalleled. It leads up to the princes' chambers that were occupied by Field-Marshal Karl Philipp von Wrede from 1815 onwards.

L'ancien château de l'Ordre Teutonique de Ellingen compte parmi les plus jolis châteaux baroques de l'Allemagne du sud. Dans la cour intérieure il y a une remarquable colonnade des années 1780. La cage d'escalier du bâtiment central cherche son égal. Elle nous amène aux appartements du prince, qui, à partir de 1815 furent habités par le maréchal, puis comte, Karl Philipp de Wrede.

Die Festung Lichtenau (oben) war über 400 Jahre Nürnberger Stützpunkt im markgräflichen Land. Die fünfeckige Anlage wurde in den Jahren von 1558 bis 1630 erbaut und ist mit mehreren vortretenden Bastionen bestückt.
Vor den Toren der freien Reichsstadt Weißenburg ließ Markgraf Georg Friedrich eine mächtige Veste, die Wülzburg errichten (unten). 1588 begann man mit dem Bau. Im Hof der Festung befindet sich ein zweiflügeliges Schloß.

The fortress of Lichtenau (above) was the stronghold of Nuremberg in the land of the margraves for over 400 years. The five-cornered structure was built in the years between 1558 and 1630, and is decorated with several projecting bastions.
Before the gates of the free town of Weißenburg, Margrave Georg Friedrich built a mighty fortress, the Wülzburg (below). Building began in 1588. A two-winged palace is to be found in the fortress courtyard.

La forteresse de Lichtenau (en haut) était pendant 400 ans une base nurembergeoise dans le pays du margrave. La construction pentagonale bastionnée a été édifiée entre 1558 et 1630.
Devant les portes de la ville libre d'empire, Weißenburg, le margrave Georg Friedrich faisait bâtir en 1588 une immense forteresse, la Wülzburg (en bas). Dans la cour de cette fortification se trouve un château à deux ailes.

Schon 1662 kam die Festung Rothenberg bei Schnaittach an Bayern. Nach erfolgloser Belagerung durch die Österreicher im Jahre 1742 wurde die Anlage aufgelassen. Sehenswert sind die Kasematten.

The fortress of Rothenberg near Schnaittach already came into ownership of the Bavarian state in 1662. After an unsuccessful siege by the Austrians in 1742 the building fell into disuse and was left to decay. The casements are worth seeing.

Déjà en 1662, la forteresse de Rothenberg près de Schnaittach entra dans le pouvoir de la Bavière. Après le siège, sans succès, des Autrichiens en 1742, la fortification fut abandonnée. Les casemates méritent une visite.

IV. Ortschaften und Städte

Der Rangau

„So schön ist der Rangau" nennt der Heimatkundler Valentin Fürstenhöfer sein Heimatbuch über eine „verkannte fränkische Landschaft". Rangau nannten die Franken das Land zwischen Frankenhöhe und Regnitz, das heute als „Frankens gemütliche Ecke" und als „anmutiges Wald- und Weiherland" um die Gunst seiner Besucher wirbt.

Ansbach zählt zu den ältesten Siedlungen des Rangaus, dessen Gründung einem fränkischen Adeligen namens „Onold" zugeschrieben wird. Seine Bedeutung als Sitz der mittelfränkischen Regierung verdankt Ansbach den Hohenzollern, die den Ort um die Mitte des 15. Jahrhunderts zu ihrer Residenz ausbauten. Von hier aus leiteten die Markgrafen die Geschicke ihres Fürstentums Brandenburg-Ansbach. Vom Markgrafenschloß mit Orangerie und Hofgarten bis hin zur Markgrafengruft in der St.-Gumbertus-Kirche spannt sich der Bogen der fürstlichen „Hinterlassenschaften", die Ansbach heute als Sehenswürdigkeiten aufbieten kann.

Die Rezatstadt zeigt sich aber auch gerne von ihrer heiter-musischen Seite. Ein buntes Treiben herrscht auf den Plätzen und Gassen der historischen Altstadt, belebt die Einkaufsstraßen und ihre Fußgängerzonen. Die „Rokokofestspiele" und die „Bachwochen" ziehen Besucher aus Nah und Fern in ihren Bann. Wer sich auf die Spuren des sagenumwobenen Findlings Kaspar Hauser begeben möchte, dem sei ein Besuch des Kreis- und Stadtmuseums empfohlen.

Auch *Schwabach* verdankt seinen Aufstieg den Markgrafen des Ansbacher Fürstentums. Zu Füßen der Pfarrkirche St. Johannis, die eine Reihe sehenswerter spätgotischer Altäre aufweist, breitet sich einer der schönsten Marktplätze Süddeutschlands aus. Schmuckstück des „Königsplatzes" ist der „Schöne Brunnen", den die Schwabacher zu Ehren des Markgrafen Friedrich Wilhelm errichten ließen. Der heute autofreie Platz wird von reizvollen Fachwerk- und Barockfassaden umsäumt. Das imposante Rathaus geht auf das Jahr 1509 zurück.

Als „Grablege der Hohenzollern" wurde die Klosterstadt *Heilsbronn* berühmt. Im romanischen Langhaus des Münsters ruhen die Gebeine zahlreicher Fürsten, Grafen und Ritter. Unter dem Sarkophag des Markgrafen Georg Friedrich führt eine kleine Treppe zur Gruft mit jenem Steinsarg, in dem man seit dem vergangenen Jahrhundert die Gebeine von zwanzig Angehörigen des zollerschen Hauses gesammelt hält.

Der Ort Heilsbronn selbst ist aus der Stiftung eines Zisterzienserklosters durch den Bamberger Bischof Otto im Jahre 1132 hervorgegangen. Die ehemaligen Klostergebäude, allen voran die Klostermühle und das Klosterverwalterhaus, prägen das Gesicht dieser geschichtsträchtigen Rangaustadt.

Bad Windsheim war eine der vier freien Reichsstädte des heutigen Mittelfranken. Das anerkannte Kurheilbad verfügt mit dem „Fränkischen Freilandmuseum" über eine touristische Attraktion ersten Ranges. Der Bezirk Mittelfranken ließ hier im Jahre 1976 einen langgehegten Traum zur Wirklichkeit werden. Im Süden der Stadt befinden sich auf einem weitläufigen Gelände zahlreiche Häuser und Höfe aus den mittelfränkischen Landschaften der Frankenhöhe, der Frankenalb und des Altmühltales. Unter sachkundiger Leitung wurden die vom Verfall bedrohten Gebäude vor Ort abgetragen und auf dem Museumsgelände Stein für Stein wieder aufgebaut.

In der Ansbacher Altstadt erwartet den Besucher eine Anzahl sehenswerter Innenhöfe. Unser Bild zeigt den sogenannten Behringerhof, einen ehemaligen Stiftshof aus der zweiten Hälfte des 16. Jahrhunderts. Im Hintergrund ist der Chor der St. Gumbertuskirche zu erkennen.

There are a number of inner courtyards in the old quarter of Ansbach to enchant sightseers. Our picture shows the Behringerhof, a former religious foundation building dating from the second half of the 16th century. In the background the chancel of the St. Gumbertus church is visible.

Dans la cité d'Ansbach une série de cours intérieures attendet les visiteurs. Notre photo montre le 'Behringerhof' une anciene cour de couvent de la seconde moitié du XVIème siècle. À l'arrière-plan, le choeur de l'église St. Gumbertus.

Auf dem Gelände des Fränkischen Freilandmuseums in Bad Windsheim steht die ehemalige Unterschlauersbacher Mühle. Im Innenraum bietet sich von der Galerie aus ein guter Überblick über die beiden Mahlgänge. Im vorderen, dem sogenannten Schwarzgang, wurde Roggenmehl gemahlen. Der hintere Mahlgang diente zum Futterschroten.

The former mill of Unterschlauersbach stands within the grounds of the open air museum in Bad Windsheim. From the gallery inside one has a good view of the millstones. Rye flour was ground in the front stone, the "Schwarzgang" (black millstone), and the rear stone was used for fodder grain.

Sur le terrain du 'Fränkische Freilandmuseum' (musée franconien en plein air) de Bad Windsheim on a reconstruit l'ancien moulin d'Unterschlauersbach. De la galerie, à l'intérieur, on a une bonne vue sur les deux tournants. Dans celui de devant, appelé le tournant noir, on a moulu la farine de seigle. Le tournant de derrière servit à l'égrueage du fourrage.

Von 1190 bis 1797 war Neustadt an der Aisch markgräflich. Von den einst vier Tortürmen ist heute nur noch das Nürnberger Tor erhalten. Der prächtige Buckelquaderbau stammt aus dem 15. Jahrhundert.

Neustadt an der Aisch belonged to the margraves from 1190 until 1797. Today only the Nurnberger Tor still exists from the original four gate-towers. The impressive ashlar building is 15th century.

À partir de 1190 jusqu'en 1797, Neustadt an der Aisch appartenait aux margraves. Des quatres tours d'origine il n'y a qu'une de conservée, le 'Nürnberger Tor'. La magnifique construction rectangulaire date du XVème siècle.

Mittelfranken ist reich an herrlichen Fachwerkfassaden: oben links der Scherenhof in Uffenheim aus dem Jahre 1571, daneben das Gasthaus „Zur Sonne" in Windsbach mit einem anmutigen Fachwerkerker; links unten ein Bürgerhaus aus der Schwabacher Altstadt und daneben das Gasthaus „Rotes Roß" in Großhabersdorf, welches 1444 erstmals urkundlich erwähnt wurde.

Middle Franconia is rich with magnificant framework facades: above left the Scherenhof in Uffenheim from 1571, next to it the guesthouse "Zur Sonne" in Windsbach, with a graceful half-timbered alcove; below left a citizens house in the old town of Schwabach and next to it the guesthouse "Rotes Roß" in Großhabersdorf, whose first documentary evidence was recorded in 1444.

La Franconie Moyenne est riche en splendides façades à colombages: en haut, à gauche le 'Scherenhof' à Uffenheim de l'année 1571, à côté l'auberge 'Zur Sonne' de Windsbach avec sa jolie tourelle en saillie; en bas, à gauche une maison bourgeoise dans la cité de Schwabach et, à côté, l'auberge 'Rotes Roß' de Großhabersdorf, dont la première mention documentaire date de 1444.

Der Marktplatz von Schwabach hat seinen Namen „Königsplatz" zu Recht erhalten. Das aus dem 16. Jahrhundert stammende Rathaus bildet den östlichen Abschluß. Davor steht der „Schöne Brunnen", erbaut nach den Plänen Johann Wilhelm von Zochas in den Jahren 1716/17. Im Hintergrund der Sandsteinturm der spätgotischen Pfarrkirche.

The market place of Schwabach is aptly named "Königsplatz" (royal square). The 16th century town hall forms the eastern boundary. In front stands the "Schöne Brunnen" (beautifull well), built in 1716 and 1717 to the design of Johann Wilhelm von Zocha. The sandstone tower of the late Gothic parish church is in the background.

La place du marché à Schwabach mérite en effet son nom de 'Königsplatz' (place du roi). L'hôtel de ville, un bâtiment du XVIème siècle, marque la bordure de l'est. Devant se dresse le 'Schöne Brunnen' (la belle fontaine), construite en 1716/17 selon les plans de Johann Wilhelm von Zocha. À l'arrière-plan la tour en grès de l'église paroissiale gothique.

Im Ansbacher Museumshof entstand dieses Bild einer tanzenden Trachtengruppe aus Nürnberg-Neunhof anläßlich der Rokokospiele 1986. Darunter eine Szene vom Nürnberger Hauptmarkt und eine Bäuerin aus dem Windsbacher Land, die stolz ihre Zwiebelzöpfe zeigt.

This picture of a dancing group from Nuremberg-Neunhof in national dress was taken in the courtyard of the museum in Ansbach, during the Rococo Plays in 1986. Below is a shot of the main market in Nuremberg and a farmer's wife from Windsbach proudly displaying her string of onions.

Dans la cour du musée d'Ansbach fut prise cette photo d'un groupe de danseurs folkloriques de Nuremberg-Neunhof à l'occasion des 'Jeux du Rokoko' en 1986. En bas une scène du marché de Nuremberg en une paysanne de la région de Windsbach qui nous montre fièrement ses oignons.

Das Straßenbild von Herzogenaurach, das aus dem fränkischen Königshof „Uraha" entstanden ist, wird durch zahlreiche herrliche Fachwerkfassaden geprägt. Auf dem Bild ist der Fehnturm zu sehen, der mit vier kleinen Scharwachtürmchen bestückt ist. Das ehemalige Rathaus aus dem späten 18. Jahrhundert steht frei auf dem Marktplatz.

The streetscape of Herzogenaurach (that originates from the Franconian royal court "Uraha") is stamped by many charming timber-framed facades. This picture shows the Fehnturm, decorated with four small troop watchtowers. The former town hall from the 18th century stands alone on the market place.

La physiognomie des rues de Herzogenaurach, endroit issu de la cour de roi franconienne 'Uraha', est marquée par une série de jolies maisons à colombages. Cette photo montre le Fehnturm, décoré de quatres échauguettes. L'ancien hôtel de ville du XVIIIème siècle se trouve sur la place du marché.

An der Altmühl liegt das romantische Städtchen Ornbau (oben links). Über die sechsbogige Steinbrücke gelangt man durch das Untere Tor in den Ort, der vom Turm der katholischen Stadtpfarrkirche St. Jakobus überragt wird.
1398 wurde dem Abt von Heilsbronn von König Wenzel das Recht zugesprochen, seine „Probstei Altmühl" in Merkendorf (unten rechts) mit Gräben zu befestigen. Noch heute ist die Stadt Merkendorf gänzlich von Mauern und Türmen umgeben.

The romantic small town of Ornbau (above left) lies on the Altmühl. To enter it, one goes over the stone bridge with six arches and passes through the lower gate. The town is overlooked by the tower of the catholic city parish church of St. Jakob. In 1398 the Abbot of Heilsbronn was given permission by King Wenzel to strengthen his "Propstei Altmühl" (provost's residence) in Merkendorf with trenches (below right). The town is completely surrounded by walls and towers even today.

Sur les rives de l'Altmühl se trouve aussi la petite ville romantique Ornbau. En traversant un pont en pierre à six arches, on entre dans la ville qui est dominée par la tour de l'église paroissiale catholique de St. Jacques.
En 1398, l'abbé de Heilsbronn a été autorisé par le roi Wenzel de fortifier son Abbaye Altmühl à Merkendorf par des fossés. Aujourd'hui encore, la ville de Merkendorf est entièrement entourée de murs et de tours.

Durch das Untere Tor aus dem 13. Jahrhundert gelangt man in die Stadt des berühmten Minnesängers Wolfram von Eschenbach. Neben dem Liebfrauenmünster bietet die historische Altstadt weitere Sehenswürdigkeiten ersten Ranges: Deutschordensschloß, Alte Vogtei, Fürstengasthaus, Altes Rathaus und Pfründehaus, um nur einige zu nennen.

Through the 13th century lower gate one reaches the town of the Minnesänger Wolfram von Eschenbach. Minnesingers were german mediaeval troubadours who composed love lyrics. In addition to St. Mary's cathedral, the historical old quarter offers many other sights of the first order: the Deutschordensschloß (palace of the Teutonic knights order), the Alte Vogtei (bailiff's residence), the Fürstengasthaus (princes' inn), the Alte Rathaus (old town hall) and the Pfründehaus (benefice house), to name a few.

Par le 'Untere Tor' du XIIIème siècle, on arrive à la ville du renomé troubadour Wolfram von Eschenbach. À part le 'Liebfrauenmünster', la cité historique nous offre encore d'autres curiosités importantes: le château de l'Ordre Teutonique, l'ancienne avouerie, l'auberge princière, l'ancienne mairie et la maison du prebende, pour n'en nommer que quelques'unes.

Land an der Romantischen Straße

Auf ihrer Strecke von Würzburg bis Füssen durchquert die „Romantische Straße" auch mittelfränkisches Gebiet. Mit Rothenburg, Feuchtwangen und Dinkelsbühl kann die berühmte Ferienstraße gleich zu Beginn mit drei Glanzlichtern mittelalterlicher Städtebaukunst aufwarten.

Die ehemalige freie Reichsstadt *Rothenburg ob der Tauber* gilt als Inbegriff eines romantischen Städtchens. In den engen Gassen finden wir eine Fülle geschichtsträchtiger Bauten und eine Kette dichtgedrängter Fachwerkfassaden mit schmucken Hausgiebeln, verspielten Erkertürmchen, heimelig anmutenden Dachhäuschen und einladenden Türportalen. Spitzweg life.

Aber auch Auserlesenes bekommt man hier zu Gesicht. Etwa den Heiligblutaltar in der evangelischen Jakobskirche. 1501 hatte man ihn beim „Meister Dill", bei Tilmann Riemenschneider, bestellt, der zu dieser Zeit in Würzburg tätig war. Vier Jahre später war der Altar unter Mitwirkung des einheimischen Schreiners Erhart Harschner vollendet worden. Daß der Meister hier persönlich Hand anlegte, gilt heute als gesichert. Die geschnitzten Figuren wirken vor allem durch ihre Natürlichkeit. Nur spärlich wurde das Lindenholz bemalt, so daß eher das Szenische als die einzelne Figur beeindruckt.

Im rechten Winkel zur St. Jakobskirche steht das Rothenburger Rathaus, das um die Mitte des 13. Jahrhunderts errichtet wurde. Süddeutsche Renaissance-Architektur zeigt sich hier in vollkommener Eleganz. Das ganze Marktplatzensemble besticht den genauer Hinsehenden, der gerade in der Asymetrie des Rathausäußern die Harmonie des Gebäudes mit seiner Umgebung entdeckt.

Wie Rothenburg verfügt auch *Dinkelsbühl* über einen geschlossenen Mauerring. Dort, wo sich an der St. Georgskirche die vier Hauptstraßenzüge kreuzen, trafen sich die Kaufleute, die von Würzburg nach Regensburg oder von Köln nach Augsburg unterwegs waren. Von Kaiser Friedrich Barbarossa wurde der Ort in der zweiten Hälfte des 12. Jahrhunderts zur Stadt erhoben. Im Gegensatz zu Rothenburg hat Dinkelsbühl sein mittelalterliches Gesicht bis heute bewahren können. Während man in der ehemaligen Reichsstadt bis in die neueste Zeit das Stadtbild modernisierte, hatten die Dinkelsbühler ihre Altstadt bereits gegen Ende des 13. Jahrhunderts nahezu fertig gebaut, was heute ihren besonderen Reiz ausmacht. Als frühmittelalterlich gelten die unregelmäßig verlaufenden Gassen. Auch gibt es in Dinkelsbühl kein dominierendes Marktzentrum wie etwa in Rothenburg oder in Feuchtwangen. Mehrere kleinere Märkte, wie der Ledermarkt oder der Schweinemarkt zeugen vom noch erhaltenen mittelalterlichen Charakter dieser Stadt. Einen Eindruck aus jener Zeit vermittelt die Dinkelsbühler Schrannenordnung aus der Zeit um 1750, in der es heißt: „§ 9 Kleinverkauf. Der Kleinverkauf aller Früchte ist zu Gunsten der ärmeren Klassen erlaubt. Hinsichtlich des Kleinverkaufs folgender Früchte als: Erbsen, Linsen, Hirse, Wicken, Bohnen, Reps, Lein-Klee-Saamen und dergl. wird auch des Mehls bestimmt: 1. daß der Verkauf derselben auf demjenigen Platz in der Schranne, welcher sich links des letzten Eingangs von der Steingasse herein befindet, zu geschehen hat, und 2 Stunden vor dem Anfange des Getraidemarktes beginnt." Um fünf Uhr mußten die Bürger der „ärmeren Klasse" danach schon auf den Beinen sein. Harte Zeiten!

Feuchtwangen ging aus einem königlichen Eigenkloster hervor, das im Jahre 817 erstmals Erwähnung findet. Noch heute bildet es den Mittelpunkt des kulturellen Lebens, wenn hier

Das Spitaltor mit seinen zwei hintereinandergelagerten Basteien ist einer von den noch erhaltenen 43 Tor- und Mauertürmen von Rothenburg ob der Tauber. Die Spitalbastei wurde nach einem Brand im Jahre 1631 wiederhergestellt. Die Inschrift im Torbogen „Pax intrantibus, Salus exeuntibus" (Friede den Eintretenden, Heil den Hinausgehenden) hat noch heute Gültigkeit.

The infirmary gate, with its two successively placed bastions, is one of the 43 still existing gate- and walltowers in Rothenburg ob der Tauber. The infirmary bastion was rebuilt after a fire in 1631. The inscription in the gate arch "Pax intrantibus, Salus exeuntibus" (peace to those who enter, well-being for those who leave) is still valid today.

La porte de l'Hôtel-Dieu avec ses deux bastions, l'un derrière l'autre, est l'une des 43 tours encore conservées de Rothenburg ob der Tauber. Le bastion de l'Hôtel-Dieu a été reconstruit en 1631 après avoir être détruit par un incendie. L'inscription sur l'arceau: 'Pax intrantibus, Salus exeuntibus' (paix à ceux qui entrent, salut à ceux qui sortent) est aujourd'hui encore valable.

Den Rothenburger Marktplatz (oben) beherrscht das Rathaus, ein prächtiger Renaissancebau. Dahinter liegt der gotische Teil mit seinem 60 Meter hohen Glockenturm.
Vom Spitalviertel aus blickt man auf den Siebersturm, hinter dem sich das Plönlein befindet (unten links).
Vom Röderbrunnen (unten rechts) führt der Weg zum Röderbogen mit dem dahinterliegenden Markusturm.

The market place of Rothenburg (above) is dominated by the town hall, a magnificant Renaissance building. Behind is the Gothic section, with its belltower 60 metres high.
From the infirmary quarter one can look across to the Siebersturm, behind which is the Plönlein (below left).
From the Röderbrunnen (below right), the way leads to the Röderbogen and the Markusturm behind it.

La place du marché (en haut) de Rothenburg est dominée par l'hôtel de ville, un splendide bâtiment de la Renaissance. Derrière se trouve la partie gothique avec le clocher, haut de 60 mètres.
Du quartier de l'Hôtel-Dieu les regards se dirigent vers le Siebersturm, derrière lequel se trouve le Plönlein (en bas, à gauche).
Un chemin nous amène au Röderbogen avec le Markusturm à l'arrière-plan.

Hoch überragt der Giebelturm des Rothenburger Rathauses die Dächer der historischen Altstadt. Im Vordergrund sind Röderbogen und Markusturm zu sehen. Die Rothenburger Altstadt gilt als Sinnbild deutscher Städteromantik. Die 12500 Einwohner zählende Stadt an der Tauber lebt fast ausschließlich vom Fremdenverkehr.

The gabled tower of the town hall of Rothenburg rises above the roofs of the historic old quarter. In the foreground the Röderbogen and Markusturm are visible. The old town of Rothenburg symbolises the romance of german towns. The 12,500 inhabitants of this town on the river Tauber live almost exclusively from tourism.

La tour à pignon de l'hôtel de ville s'élève majestueusement au-dessus de la cité historique. Au premier plan se trouve le Röderbogen et le Markusturm. La cité de Rothenburg passe pour l'emblême d'une ville romantique allemande. Avec ses 12.500 habitants elle vit, presque exlusivement, du tourisme.

alljährlich in den Sommermonaten die weithin berühmten Kreuzgangspiele abgehalten werden. Wo vorher die ganze Stille der romanischen Zeit wie eingefangen erscheint, da pulsiert in der Festspielzeit das Leben, da finden sich namhafte Theaterregisseure ein, die vom „Urfaust" bis zum „Hamlet" Bedeutendes aus der Weltliteratur auf die Bühne bringen. Feuchtwangen ist aber auch wegen seines großzügig ausgestatteten und fachgerecht eingerichteten Heimatmuseums ein beliebter Ausflugsort.

Schillingsfürst mit seinem Schloß auf dem Gailnauer Berg ist das Zentrum der Frankenhöhe. Von hier oben tut sich ein herrlicher Ausblick auf. Schon im Vorfeld des Schlosses lassen verwitterte Fassaden, ein von dichtem Baumwerk umgebener Kardinalsgraben, zwei ehemalige Schilderhäuschen und ein kleiner, hinter der Brücke sich öffnender Park eine erste Romantik aufkommen. Das Schloß selbst ist in Teilen zu besichtigen. Große Geschichte spielte sich hier ab. Besonders unter seinem Schloßherrn Choldwig Fürst Hohenlohe-Schillingsfürst, der von 1894 bis 1900 nach Bismarck zwei-

Das idyllische Taubertal umrahmt die ehemalige Freie Reichsstadt Rothenburg. Im Hintergrund ist das Burgtor zu erkennen, eine der mächtigen Toranlagen der Stadt.

The idyllic Tauber valley encircles the former free town of Rothenburg. In the background the castle gate is visible, one of the mighty gatehouses of the town.

L'idyllique vallée de la Tauber encadre l'ancienne ville libre d'empire. À l'arrière-plan on dévine une des plus imposantes portes de la ville.

ter Reichskanzler unter Kaiser Wilhelm II war. Im Ort selbst, wo man sich am Marktplatz gerade eine neue Stube geschaffen hat, ist gut Rast machen.

Wir begeben uns nun ins *„Wildbad"*. Der seit mehr als eintausend Jahren unter Denkmalschutz stehende Platz hält, was der Name verspricht: eingebettet in eine wildromantische Schlucht liegt das heutige „Wildbad" mit Cafe und Gästehaus. Bereits im 14. Jahrhundert wurde es zum „gefreiten Ort", nachdem Kaiser Karl IV. das hier aus den Quellen sprudelnde Heilwasser erfolgreich zu seiner Gesundung verwenden konnte. Gegen Ende des 15. Jahrhunderts wurde das erste größere Gebäude mit 30 Zimmern und einer Badestube errichtet. 1717 erlebte das Bad seine Glanzzeit: die Königin von Polen und Kurfürstin von Sachsen weilte hier zur Kur „mit großzügigem Gefolge". Heute können Sie sich am Augenbrunnen Linderung verschaffen oder auch nur erfrischen.

Der Kreuzgang des ehemaligen Benediktinerstiftes von Feuchtwangen stammt aus spätromanischer Zeit. Von der alten Anlage sind noch zwei Flügel gut erhalten. Die Obergeschosse weisen zum Teil Fachwerkfassaden auf, die aus dem 18. Jahrhundert stammen. Bekannt ist der Kreuzgang durch die hier stattfindenden Kreuzgangspiele.

The former Benedictine cloister of Feuchtwangen originates from late Romanesque times. Two wings of the original building are still well preserved. Parts of the upper storeys have timber-framed facades dating from the 18th century. The cloister is famous for the Cloister Plays held here.

Le cloître de l'ancien couvent de bénédictins de Feuchtwangen date de la fin de l'époque romane. De l'édifice ancien, deux ailes sont encore en bon état. Les étages supérieurs ont, en partie, des façades à colombages datant du XVIIIème siècle. Le cloître est renomé pour les 'Kreuzgangspiele' qui y ont lieu tous les ans.

Das „Deutsche Haus" in Dinkelsbühl trägt seinen Namen zu Recht. Es zählt sicherlich zu den schönsten Fachwerkbauten Deutschlands. Das dreigeschossige Haus entstand in der Zeit der Spätrenaissance um 1600. Es befindet sich am Weinmarkt, einem der vielen mittelalterlichen Märkte der Wörnitzstadt.

The „Deutsche Haus" in Dinkelsbühl certainly has a right to its name. It is without doubt one of the most beautiful framework buildings in Germany. The three storey house dates from the late Renaissance, around 1600. It is situated on the wine market, one of the many markets from the middle ages of this town on the Wörnitz.

Le 'Deutsche Haus' (maison allemande) de Dinkelsbühl mérite son nom. Elle compte, sans aucun doute, parmi les plus jolis bâtiments à colombages de l'Allemagne. La maison à trois étages fut construite vers la fin de la Renaissance, vers 1600. Elle se situe sur le 'Weinmarkt' (le marché du vin), une des places médiévales de la ville sur les rives de la Wörnitz.

Ansehnliche mehrgeschossige Giebelhäuser zieren den Weinmarkt in Dinkelsbühl. Im Hintergrund ist die St. Georgskirche zu sehen, eine der schönsten Hallenkirchen Süddeutschlands.
Das Hotel „Zum Greifen" und das Hotel „Drei Mohren" sind durch ihre schmiedeeisernen Ausleger weithin berühmt.

Imposing many-storeyed gabled houses ornament the wine market in Dinkelsbühl. In the background the church of St. Georg is visible, one of the most beautiful churches with naves of equal height of southern Germany.
The hotels "Zum Greifen" (the griffin) and "Drei Mohren" (three moors) are famous for there wrought-iron signs.

De jolies maisons à pignon ornent le Weinmarkt de Dinkelsbühl. A l'arrière-plan on retrouve l'église du St. Georges, une des plus jolies églises en forme de hall de l'Allemagne du sud.
L'hôtel 'Zum Greifen' et celui des 'Drei Mohren' jouit d'une renommée assez grande, grâce à leurs enseignes.

Von der Wörnitz aus bietet sich dieser herrliche Ausblick auf Dinkelsbühl. Noch heute ist der Mauerkranz um die Stadt herum geschlossen. Von links nach rechts sind zu sehen: der Bäuerlinsturm, die St. Pauluskirche, die St. Georgskirche und das Wörnitztor. Vom Jahre 1355 an war Dinkelsbühl freie Reichsstadt.

This charming view of Dinkelsbühl is taken from the Wörnitz. The mural crown still encloses the town today. From left to right: the Bäuerlins tower, the church of St. Paul, the church of St. Georg and the Wörnitz Gate. Dinkelsbühl was a free town as from 1355.

C'est des rives de la Wörnitz que nous est offerte cette vue magnifique sur Dinkelsbühl. Aujourd'hui encore une ceinture de murailles entoure la ville. De gauche à droite nous voyons: le Bäuerlinsturm, les églises de St. Paul et de St. Georges et le Wörnitztor. À partir de 1355 Dinkelsbühl était une ville libre d'empire.

Steigerwald und Frankenalb

„Erleben Sie Wald, Wein und Romantik" – so wirbt der Naturpark Steigerwald, eines der größten Laubwaldgebiete Bayerns, das von der Mainstadt Bamberg bis an den Gollachgau bei *Uffenheim* reicht. In die verwinkelte Altstadt Uffenheims gelangt man durch das ansehnliche Ansbacher Tor. Aus dem Jahre 1571 stammt der in seiner Art sehenswerte Fachwerkbau des Scherenhofs.

Höchstadt an der Aisch liegt an den östlichen Ausläufern des Steigerwaldes. Auf dem Schloßberg thront das Höchstädter Schloß, dessen älteste Teile bis auf das 14. Jahrhundert zurückgehen. In den Jahren von 1713 bis 1715 wurde die Anlage erweitert und barockisiert. Die über die Aisch führende mittelalterliche Steinbrücke sucht ihresgleichen.

Idealer Ausgangsort für Touren in den südlichen Teil des fränkischen Mittelgebirges ist *Scheinfeld.* Das 1200 Jahre alte Städtchen bietet mittelfränkische Kleinstadtidylle und Burgenromantik. Aus dem 15. Jahrhundert stammt die einst dreitorige Stadtanlage. Die Straßenzüge treffen sich beim Rathaus und haben einmal in ihrer Breite für die verschiedensten Märkte Platz geboten. Gerade der Stadtkern mit der Pfarrkirche überzeugt durch seine bauliche Geschlossenheit. Weithin sichtbar erhebt sich im Nordosten die Schloßanlage der gefürsteten Familie Schwarzenberg. Elias Holl, bekannt durch das Augsburger Rathaus, hat auch hier Hand angelegt.

Die Hersbrucker Schweiz beherrscht den nördlichen Teil der Fränkischen Alb, die im Süden in den Naturpark Altmühltal übergeht.

Mit seinem Schloß, das als Pflegschloß 1517 erbaut und einhundert Jahre später erweitert wurde, und mit seinem bekannten Hirtenmuseum besitzt *Hersbruck* zwei herausragende Sehenswürdigkeiten. Nicht minder attraktiv aber sind die städtebaulichen Ensembles rund um das zwischen dem Hindenburger Platz und dem Unteren Markt gelegene Rathaus. Auch die Stadt *Lauf* verfügt über ein Rathaus in solch exponierter Lage. Bereits im Jahre 1100 wurde in Lauf eine Wasserburg der Reichsministerialen „de Loufe" in der Pegnitz errichtet. Nachdem es in den Besitz der Wittelsbacher gelangte, kaufte es 1353 Kaiser Karl IV, um von Nürnberg aus eine Brücke zum Egerland schlagen zu können. Die Burgkapelle ist dem Heiligen Wenzel geweiht, weshalb das Laufer Schloß auch „Wenzelsschloß" genannt wird. Für den Kunsthistoriker ist der sogenannte Laufer Wappenfries von besonderer Bedeutung.
Ein wenig südlich liegt die ehemalige Universitätsstadt *Altdorf.* Nach der Beschießung durch Truppen der Stadt Nürnberg im Jahre 1504 blieb der Ort dreihundert Jahre lang reichsstädtischer Besitz. 1622 wurde das nach Altdorf verlegte Nürnberger Gymnasium zur Universität ausgebaut, an der so namhafte Gelehrte wie Donellus, Köhler und Döderlein tätig waren.

Im Vorland der Fränkischen Alb liegen *Hilpoltstein*, *Thalmässing* und *Greding.* Wir haben es hier mit einem echten Grenzland zu tun. Bereits im sechsten Jahrhundert stießen die nach Osten vordringenden Franken auf bairische Stämme, die hier ehemals alamannisches Gebiet besiedelten. Noch heute vermischen sich hier die fränkische und die bayerische Mundart. Und noch heute orientiert man sich nach Nürnberg ebenso wie ins benachbarte oberpfälzische Neumarkt.

Die wechselvolle Geschichte dieses mittelfränkischen Grenzgebietes reicht bis in die jüngste Zeit. Über Jahrhunderte war Greding im Besitz der fränkischen Bischofsstadt Eichstätt, die ihrerseits durch die Gebietsreform der siebziger Jahre samt Kreis dem Regierungsbe-

Ursprünglich wurde die Burg Vorderfrankenberg als Trutzburg der Nürnberger gebaut. Im Jahre 1530 begann man mit dem Neubau eines Schlosses, einer imposanten Viereckanlage mit runden, wuchtigen Ecktürmen. Nur zweihundert Meter davon entfernt befindet sich die Burgruine Hinterfrankenberg.

Originally the castle Vorderfrankenberg was built as a fortified castle of the citizens of Nuremberg. In 1530 building was begun on a new palace, an imposing square building with round weighty corner towers. The castle ruins of Hinterfrankenberg are only 200 meters away.

À l'origine, la forteresse de Vorderfrankenberg a été construite en tant qu'imposante forteresse défensive des nurembergeois. En 1530 on a commencé avec l'édification d'un château, un solide bâtiment carré aves rondes et massives tours d'angle. À 200 m seulement, on tombe sur la ruine de Hinterfrankenberg.

zirk Oberbayern einverleibt wurde. Hilpoltstein dagegen, lange Residenzstadt des wittelsbachischen Fürstentums Pfalz-Neuburg, kam zu Mittelfranken, wo es im Schatten der neuen Kreisstadt Roth ein betuliches Kleinstadtdasein fristet. Während Hilpoltstein mit seinen Fachwerkgiebeln und seinen Sandsteinquaderfassaden die Züge eines mittelfränkischen Städtchens trägt, verbreiten die verputzten Giebelfronten am Gredinger Marktplatz eher ein altbayerisches Flair.

Auf dem Moritzberg steht die Wallfahrtskapelle zum Heiligen Mauritius. Heute pilgern die Nürnberger auf ihren „Hausberg". Im ehemaligen Bruderschaftshaus aus dem 17. Jahrhundert bietet die Wirtin zum Bier eine deftige Brotzeit an mit Fleisch und Würsten aus eigener Hausschlachtung.

On the Moritzberg stands the pilgrimage chapel of the Holy Mauritius. These days people flock from Nuremberg to their local mountain. In the former brotherhood inn the landlady offers beer and substantial snacks of meat and sausages from the inn's own slaughterhouse.

Sur le 'Moritzberg' se dresse l'église de pélérinage de St. Maurice. Aujourd'hui, les nurembergeois vont en pélérinage sur leur 'colline de famille'. Dans l'ancienne maison de confrérie du XVIIème siècle, l'aubergiste nous offre avec la bière une casse-croûte soignée de viande et saucisses 'fabrication maison'.

Nur wenige Häuser zählt der Ort Lungsdorf, der zur Gemarkung Enzendorf gehört. Die Wohn-Stallhäuser sind zum Teil mit reichem Fachwerk verziert. An den Ufern der Pegnitz tut sich ein idyllisches Ensemble auf.

The village of Lungsdorf, which belongs to the boundary of Enzendorf, only has a few houses. The houses, with residential quarters and stables under one roof, are to some extent richly ornamented with timber-framing. The banks of the Pegnitz portray an idyllic ensemble here.

Seulement quelques maisons compte la localité de Lungsdorf qui appartient à la commune d'Enzendorf. Les vieilles maisons paysannes typiquement franconiennes sont parfois décorées d'un riche colombage. C'est ainsi qu'un ensemble idyllique naît au bord de la Pegnitz.

An einem künstlich geschaffenen Pegnitzseitenarm weist das 1601 erbaute Wassertor den Weg in die Altstadt von Hersbruck. Am rechten Bildrand ist das Pflasterzollhaus von 1690 zu sehen. Hersbruck verfügt wie die Nachbarstadt Lauf über eine sehenswerte historische Altstadt.

On a man-made tributary of the Pegnitz a water gate, built in 1601, leads the way into the old town quarter of Hersbruck. The right-hand side of this picture shows the customs house of 1690. Hersbruck, as well as the neighbouring town of Lauf, has a historical old quarter well worth seeing.

Construite en 1601 sur un bras artificiellement amenagé de la Pegnitz, la 'porte de l'eau' nous montre le bon chemin dans la cité d'Hersbruck. En marge droite sur la photo on reconnaît la maison de douane de 1690. Hersbruck, ainsi que la ville voisine Lauf, possèdent des cités historiques dignes d'être vues.

Auf einer Pegnitzinsel liegt die ehemalige Reichsministerialenburg von Lauf. 1353 kam sie in den Besitz Kaiser Karls IV., der sie zu einem Schloß ausbauen ließ. Wertvolle Wappenreliefs befinden sich in der ehemaligen Kaiserkammer. 114 Wappen demonstrieren noch heute Macht und Einfluß des Kaisers.
Vom Holzsteg bei der Laufer Wasserbrücke blicken wir auf diese idyllische Partie an der Pegnitz (rechts).

On an island on the Pegnitz stands the former imperial estate officials' castle of Lauf. In 1353 it came into possession of Kaiser Karl IV, who had it extended into a palace. Valuable heraldic reliefs are to be found in the former emperor's chamber. 114 coats of arms demonstrate the power and influence of the emperor in those days.
This idyllic view of the Pegnitz was taken from a wooden bridge near the viaduct in Lauf.

Sur une île de la Pegnitz, à Lauf, se trouve l'ancienne forteresse des comtes de l'empire. À partir de 1353, elle entra dans la possession de l'empereur Charles IV qui la fit transformer en château. Dans l'ancienne pièce de l'empereur sont exposées 114 armoiries de valeur, qui symbolisent, aujourd'hui encore, le pouvoir et l'influence de l'empereur.
De la petite passerelle, nous est présenté cet ensemble idyllique sur les rives de la Pegnitz.

Die Stadt Greding im äußersten Südosten Mittelfrankens ging aus einem fränkischen Königshof hervor, der „curia Gradinga". Der heutige Marktplatz mutet eher altbayerisch an, was angesichts der Grenzlage Gredings nicht verwundert. Um den Platz reihen sich stattliche Giebelbauten aus dem 17., 18. und 19. Jahrhundert.
Typisch fränkisch dagegen die Fachwerkhäuser von Altdorf, der ehemaligen Universitätsstadt südöstlich von Nürnberg.

The town of Greding, at the furthest point of south-east Middle Franconia, originates from a Franconian royal court, the "curia Gradinga". The present market place is really more old Bavarian, which is hardly surprising as Greding is on the border. Around the square range rows of imposing gabled buildings from the 17th, 18th and 19th centuries.
On the other hand, the framework houses of Altdorf, a former university town south-east of Nuremberg, are typically Franconian.

La ville de Greding dans l'extrême sud-est de la Franconie Moyenne s'est développé d'une cour de roi franconienne, la 'curia Gradinga'. L'actuelle place du marché a plutôt un air bavarois que franconien, fait qui ne surprend pas, vu la situation frontalière de Greding. La place est entourée d'imposants édifices à pignons du XVIIème, XVIIIème et XIXème siècle. Typiques pour la Franconie sont, par contre, les maisons à colombages d'Altdorf, l'ancienne ville universitaire dans le sud-est de Nuremberg.

Naturpark Altmühltal und Neues Fränkisches Seenland

Die Altmühl gerät zusehends in den Blickpunkt der Öffentlichkeit, obwohl das ihrem geruhsamen Charakter nicht gerecht wird. Die Kanalbaumaßnahmen zwischen Kelheim und Dietfurt haben diese idyllische Flußlandschaft nachhaltig beeinträchtigt. Das „Neue Fränkische Seenland" ist aus dem Vorhaben entstanden, die Hochwasser der Altmühl in den wasserarmen Norden Frankens überzuleiten. Hier ist eine neue Kulturlandschaft mit modernem Gepräge im Entstehen begriffen, die es in den nächsten Jahren sicherlich nicht leicht haben wird, den Vergleich mit den verlorengegangenen Naturräumen zu bestehen. Fürwahr, die Größenordnungen sind beeindruckend: mit ca. 450 Hektar Wasserfläche reicht der Altmühlsee bei Gunzenhausen fast an die Größe des Königssees heran. Um ganze 350 Hektar übertrifft der künftige Brombachsee die Fläche des Tegernsees, und der Rothsee, der Dritte im Bunde, wird einmal mit dem oberbayerischen Schliersee vergleichbar sein. Wenn das nichts ist!

Zum Zentrum des Neuen Fränkischen Seenlandes entwickelt sich die einst markgräfliche Stadt *Gunzenhausen*, die ihre Bedeutung ihrer exponierten Lage an der mittleren Altmühl verdankt. Schon die Römer haben hier einen vorgeschobenen Posten im Kampf gegen die Kelten und Germanen errichtet. Zu besonderem Ansehen gelangte die Altmühlstadt unter dem Markgrafen Carl Wilhelm Friedrich, genannt der Wilde Markgraf, der sich Gunzenhausen zum Lieblingsaufenthalt auserkoren hatte. Zwei kleinere Schlösser sowie zahlreiche sehenswerte Gebäude im Stil des Fränkischen Barock werden als Erbe aus der Zeit des ansbachischen Fürstentums in Ehren gehalten.

Auch die benachbarte Kreisstadt *Weißenburg* profitiert von den Funden aus der Römerzeit. In einem eigens dafür hergerichteten Museum ist der legendäre Römerschatz zu besichtigen, der mit seinen über 150 Teilen von den Fachleuten als bedeutungsvoll anerkannt wird. Auch die im Jahre 1977 freigelegten Römerthermen sind in ihrer Art einzigartig und ebenfalls zu besichtigen. Die ehemals freie Reichsstadt bezaubert ihre Besucher durch eine noch heute größtenteils von einem Mauerring umgebene Altstadt. Man würde dem einmaligen Ensemble mittelalterlicher Architektur nicht gerecht, wenn man einzelne Gebäude, wie etwa den Söller oder die Andreaskirche besonders hervorheben würde. Hier fasziniert einfach alles. Besonders dann, wenn die Weißenburger ihren vorweihnachtlichen Markt abhalten, der seinen Namen noch verdient. Als Wahrzeichen der Stadt gilt das Ellinger Tor, ein fünfgeschossiger mächtiger Torturm mit Vorwerk und Wehrgang.

Wie Gunzenhausen, so wird auch die Kreisstadt *Roth* durch das Neue Fränkische Seenland an Anziehungskraft für den Fremdenverkehr gewinnen. Noch überwiegt das historische Erbe der Stadt. Einen namentlichen Bezug zu den ehemaligen deutschen Gebieten weist Schloß Ratibor auf. Ratibor war eines der schlesischen Fürstentümer, die der Ansbacher Markgraf Georg der Fromme durch Erbschaft im Jahre 1512 in seinen Besitz bekam. Auf dem Gelände einer einstigen burggräflich-nürnbergischen Burg erbaute er 1535 ein imposantes Jagdschloß im Stile der Frührenaissance. Finanziert wurde das Rother Schloß aus den Steuergeldern, die aus der schlesischen Provinz nach Ansbach flossen.

Nirgendwo stoßen das Neue und das Alte so unmittelbar aufeinander wie im „Neuen Fränkischen Seenland". Dem Besucher wird beides geboten: hier das faszinierende Schauspiel von Natur und Technik – dort die eindringliche Schönheit eines gewachsenen alten Kulturlandes. Nur einige Autominuten von der hochmodernen Slipanlage des Segelzentrums Muhr am See entfernt liegt das ehemalige Deutschordensstädtchen *Wolframs-Eschenbach.* Auf engstem Raum öffnet sich hier die ganze Welt des Mittelalters. Seinen Namen verdankt der Ort jenem „Wolfram", der mit seinem „Parzival" ein unvergessenes literarisches Denkmal des höfischen Rittertums schuf. Durch ein königliches Dekret vom 19. Mai 1917 durfte sich das ehemalige „Eschelbach" fortan „Wolframs-Eschenbach" nennen, nachdem der Stiftsdekan Prälat Dr. Dr. Johann Baptist Kurz (1881–1968) durch jahrelange Forschungen den Ort als die Heimatstadt des berühmten Minnesängers nachgewiesen hatte. Neben dem Wolframs-Denkmal zählen das Deutschordensschloß, das Fürstenhaus, das Pfründehaus und das Liebfrauenmünster zu den Sehenswürdigkeiten der noch heute ummauerten mittelfränkischen Kleinstadt.

Unter den salischen und staufischen Kaisern stieg das Reichsministerialengeschlecht der Pappenheimer auf. 1193 wurde es mit der erblichen Marschallwürde ausgestattet. Hoch über dem Ort Pappenheim erhebt sich die Burg aus dem 12. Jahrhundert. Neben der evangelischen Pfarrkirche befindet sich das alte Schloß von 1593. Liebevoll windet sich die Altmühl um die Stadt.

Under the Salic and Staufer emperors the Pappenheim imperial estate officials family ascended. In 1193 the line was decorated with the hereditary Marshalls Office. The 12th century castle towers above the town of Pappenheim. Next to the Protestant parish church is the old palace from 1593. The Altmühl winds lovingly around the town.

Pendant l'époque des empereurs saliens et celle des Staufer s'élève la famille des comtes des Pappenheim. En 1193, elle fut dotée du titre de maréchal, transmissible par succession. Au-dessus de la localité de Pappenheim se situe la forteresse du XIIème siècle. À côté de l'église paroissiale protestante se trouve le vieux château de 1593. Affectueusement l'Altmühl entoure la ville.

Das ehemalige Jagdschloß von Gunzenhausen (oben), das unter dem Ansbacher Markgrafen Carl Wilhelm Friedrich 1745 erbaut wurde, dient heute der Altmühlstadt als Gästehaus.
Am Seeweiher wird die Weißenburger Stadtmauer durch dieses Fachwerkhaus bereichert (rechts). Die noch gut erhaltene Stadtbefestigung der ehemaligen Freien Reichsstadt stammt vorwiegend aus dem 14. und 15. Jahrhundert.

The former hunters' palace of Gunzenhausen (above) that was built in 1745 under the margrave of Ansbach, Carl Wilhelm Friedrich, is a guest-house today.
On the Seeweiher, the town wall of Weißenburg has been enhanced by this framework house (right). The well preserved town fortifications of the former free town originate mainly from the 14th and 15th centuries.

L'ancien pavillon de chasse de Gunzenhausen, édifié en 1745 sous le margrave d'Ansbach, Carl Wilhelm Friedrich, sert aujourd'hui de maison d'hôtes. Près du lac, l'enceinte de Weißenburg reçoit comme élément nouveau cette jolie maison à colombage. La fortification encore bien entretenue de l'ancienne ville libre d'empire date surtout du XIVème et XVème siècle.

Das Treuchtlinger Schloß (oben) war erst pappenheimisch, dann ansbachisch. Seine Ursprünge gehen auf das Jahr 1575 zurück. Im 19. Jahrhundert wurde es erweitert. Erst kürzlich wurde es vollkommen restauriert.
Alle Wege treffen sich am Rathaus in Hilpoltstein (links). Ein hohes Halbwalmdach ziert den zweigeschossigen Fachwerkbau.

The palace of Treuchtlingen (above) belonged first to Pappenheim, then to Ansbach. Its origins go back to 1575. It was extended in the 19th century. It has only recently been completely renovated.
In Hilpoltstein all roads meet at the town hall (left). The two storey timber-framed building is decorated with a half hip-roof.

Le château de Treuchtlingen (en haut) était d'abord une propriété de Pappenheim, puis il fut rattaché à Ansbach. Ses origines remontent jusqu'en 1575. Pendant le XIXème siècle il fut aggrandi. Tout récemment, il a été complètement restauré.
Tous les chemins se croisent devant l'hôtel de ville à Hilpoltstein. Un grand toit en croupe décore la maison à colombage avec ses deux étages.

Das Riffelmacherhaus in Roth war über Jahrhunderte im Besitz einer der 23 Rother Privatbrauereien. Der mit reichem Zierfachwerk versehene Giebel ist das Prunkstück des Rother Marktplatzes.

The Riffelmacherhaus in Roth belonged to one of the 23 private breweries of Roth for centuries. The richly embellished framework gable is the showpiece of the market place of Roth.

La maison de Riffelmacher était, durant des siècles, l'une des 23 brasseries privées de Roth. Le pignon richement décoré est le joyau de la place du marché de Roth.

Der Mühlreisighof ist das Wahrzeichen des Spalter Hopfenlandes. Der Giebel ist fünfgeschossig, das Satteldach vierfach gebrochen. Es birgt zahlreiche Schlitze, die man für das Trocknen der Hopfendolden benötigte.

The Mühlreisighof is a landmark of the hop growing land of Spalt. The gable has five storeys. The saddle roof is split into four and harbours many apertures necessary for drying hop cones.

Le 'Mühlreisighof' est l'emblême de la region houblonnière de Spalt. Le pignon a cinq étages, le comble en selle est divisé en quarte. On trouve aussi plusieures fissures nécessaires au séchage des ombelles de l'houblon.

Im Städtedreieck Nürnberg - Fürth - Erlangen

„Nürnberg hat auf mich einen ungeheuren Eindruck gemacht. Ich ging nach meiner Ankunft in der Stadt herum, bis es finster wurde, und kam völlig berauscht nach Hause. Das ganze Ding war mir wie feenhaft, ich war wie eine Gestalt auf einem Albrecht Dürerschen Bilde. Nürnberg ist die schönste Stadt, die ich je gesehen habe; sie ist in ihrer Ganzheit ein wahrhaftiges Kunstwerk."

So Adalbert Stifter in einem Brief aus dem Jahre 1865. In der Zeit einer um sich greifenden Technik und einer fortschreitenden Industrialisierung macht sich hier die Sehnsucht breit nach der Idylle, nach der Geborgenheit enger Gassen und nach dem unmittelbaren Erlebnis zeitloser Kunst.

Nürnbergs Altstadt spricht auch heute noch das Gemüt ihrer Besucher an, weckt in ihnen romantische Empfindungen, ohne dabei aufdringlich zu wirken. Nürnberg hat dies vor allem seiner reichen Geschichte zu verdanken. Seine verkehrsgünstige Lage im Wegekreuz der Fernstraßen vom fränkischen Weinland am Main gen Süden und von den schwäbischen Märkten hinüber nach Böhmen liegt seiner Gründung durch Kaiser Heinrich III. im Jahre 1040 zugrunde. Bereits im 14. Jahrhundert zählt es als Finanz- und Handelsstadt zu den großen Zentren auf europäischen Boden, Frankfurt, London oder Siena durchaus vergleichbar. Fast der gesamte Handel zwischen dem Norden und dem Süden wurde über Nürnberg abgewickelt, das sich dadurch zu einer der reichsten Städte auf deutschem Boden entwickelte. „Nürnberger Tand geht in alle Land", hieß ein geflügeltes Wort. Die Waren der Nürnberger Uhrenmacher, Drahtzieher und Lebkuchenbäcker waren im ganzen Land gefragt. Doch damit nicht genug. Eingesalzene Fische aus nordischen Gefilden, Wolle aus den Niederlanden, wertvolles Pelzwerk, Leder, Häute und Leinwände wurden von den Nürnbergern ausgeführt, kostbare Gewürze wie Zimt, Ingwer und Safran oder erlesene Stoffe aus Seide, Sammet und Brokat aus den Ländern des Fernen Osten wurden eingeführt. Hauptumschlagplätze für diese Geschäfte waren Venedig und Genua, in deren Handelshäusern die Nürnberger Kaufleute ein- und ausgingen.

Der so entstandene Reichtum schuf den Nährboden für eine Allianz, die für das weitere Schicksal der Pegnitzstadt entscheidend wurde: das Bündnis von Geld und Kunst, das zu einer Blüte des Kunsthandwerks und der bildenden Künste beitrug. So gestattete der Rat der Stadt, der von den Angehörigen der mächtigen Kaufmannsfamilien beherrscht wurde, den ortsansässigen Künstlern, mit mehr als den von den Zünften zugelassenen Gesellen zu arbeiten. Zahlreiche Altäre, Brunnen und Plastiken, die heute das Stadtbild verschönern, gehen auf Stiftungen reicher Patrizierfamilien zurück, und so nahmhafte Künstler wie Adam Krafft, Albrecht Dürer oder Peter Vischer verdanken diesem Umstand ihren Ruhm. Die Aufgeschlossenheit des Nürnberger Bürgertums sowie das Geschick seiner Handwerker und Arbeiter verhalf Nürnberg auch zu Beginn der Industrialisierung zu weitreichender Bedeutung. Mit der Fahrt der ersten deutschen Eisenbahn von Fürth nach Nürnberg im Jahre 1835 wurde eine schwunghafte wirtschaftliche Entwicklung Nürnbergs in Gang gesetzt, die das Bild der Stadt bis heute prägt. So manches Produkt dieser fortschrittsorientierten Epoche findet sich heute in romantischer Verklärtheit in einem der zahlreichen Museen der Stadt wieder. Im Verkehrsmuseum etwa, das ursprünglich als Eisenbahnmuseum eingerichtet wurde. Nostalgie kommt auch im Spielzeugmuseum auf, dessen Exponate nicht nur die Kinderherzen erfreuen sollen. Nürnberg wird als Stadt der Kunst, des Handels und der Technik stets das Aushängeschild des nordbayerischen Franken bleiben.

Das Zeppelinfeld, Aufmarschgelände der Nationalsozialisten und Symbol ihres Machtwahns, wird ebensowenig in Vergessenheit geraten wie die Nürnberger Prozesse, die diesem Treiben für immer ein Ende gesetzt haben sollten.

In diesem Zusammenhang sollte auch der Judenfriedhof von *Fürth* als mahnende Grabstätte Geltung behalten. Daß Fürth, im Schatten des mächtigen Nachbarn gelegen, in vielen Bereichen des Handels und des Gewerbes führend war, die erste Eisenbahn und die Spielzeugherstellung seien hier ebenso genannt wie die Rundfunkgeräteproduktion und der Warengroßversand, verdankt es seiner liberalen Wirtschatsverfassung und seiner Toleranz gegenüber Verfolgten. Ob Handwerker, die wegen der Fürther Gewerbefreiheit hierher kamen, oder die Juden, welche hier großzügige Freiheiten genossen: sie alle trugen zur Blüte der Fürther Wirtschaft entscheidend bei.
Die architektonische Vielfalt der Innenstadt geht auf die besondere geschichtliche Entwicklung Fürths zurück. Die Stadt diente gleich drei Herren: dem Fürstentum Brandenburg-Ans-

Vom Dürerhaus aus gesehen bietet sich ein bezaubernder Ausblick auf die Nürnberger Kaiserburg. Vom Platz am Tiergärtnertor, das wir auf dem Bild links sehen können, führt der Weg am Pilatushaus vorbei hinauf zur Burg, die zur Zeit der Staufer im 12. und 13. Jahrhundert zur Kaiserburg ausgebaut wurde.

From the Dürer house one has an enchanting view of the emperor's castle of Nuremberg. From the square by the Tiergärtnertor, visible on the left of the picture, the way up to the castle leads past the Pilatus house. It was enlarged to an emperor's castle under the Staufers in the 12th and 13th centuries.

De la maison de Dürer, une vue splendide nous est offerte sur la 'Kaiserburg' de Nuremberg. Partant de la place du Tiergärtnertor que nous voyons sur la photo à gauche, un chemin, passant par la maison de Pilate nous mène à la Kaiserburg, édifiée par les Staufer au XIIème et XIIIème siècle.

In den Jahren 1332 bis 1339 wurde das Nürnberger Heilig-Geist-Spital erbaut. In der Spitalkirche wurden von 1424 bis 1796 die Reichskleinodien aufbewahrt. Im 16. Jahrhundert wurde die Anlage durch mehrere Wasserbauten erweitert, die den Pegnitzfluß überbrücken. Bauherr war Hans Beheim der Ältere.

The Holy Ghost infirmary of Nuremberg was built between 1332 and 1339. The imperial treasures were housed in the infirmary church from 1424 until 1796. In the 16th century the building was extended with various water structures that bridged the river Pegnitz. The building owner was Hans Beheim der Ältere (elder).

Dans les années 1332 à 1339 fut construit l'Hôtel-Dieu de Nuremberg. Dans l'église de l'Hôtel-Dieu on a gardé, entre 1424 et 1796, les joyaux d'empire. Au XVIème siècle, le bâtiment fut aggrandi par plusieurs constructions sur eaux qui franchissent la Pegnitz. L'architecte était Hans Beheim, père.

Daß es sich beim Schönen Brunnen auf dem Nürnberger Hauptmarkt um eine Kopie handelt, wissen die wenigsten. Das Original wurde von 1389 bis 1396 erbaut. Die 40 Skulpturen zeigen auf mehreren Ebenen die ganze Welt des Mittelalters: unten die sieben Freien Künste, darüber die vier Evangelisten, die Kirchenväter, die sieben Kurfürsten und in der obersten Reihe Moses und die sieben Propheten.

Only a few people realise that the Schöne Brunnen on the Hauptmarkt of Nuremberg is a copy. The original was built between 1389 and 1396. The 40 sculptures show the whole world of the middle ages on various different levels: below, the seven "free arts", above the four evangelists, the Early Fathers, the elector, and on the top row Moses and the seven prophets.

Presque personne ne sait, qu'il s'agit d'une copie de la 'Belle Fontaine' qui se trouve sur la place du marché de Nuremberg. L'original fut créé entre 1389 et 1396. Les 40 sculptures montrent, sur plusieurs niveaux, le monde entier du Moyen Âge: en bas, les septs arts libres, au-dessus les quatres évangelistes et sur le rang le plus haut Moïse et les septs prophètes.

Kunstvoll geschnitzte Hausfiguren, wie hier in der Weißgerbergasse, finden wir an vielen Häusern der Nürnberger Altstadt.
Das Bild rechts zeigt ein Fachwerkhaus in der Albrecht-Dürer-Straße.

Artistically carved house figures, as here in the Weißgerbergasse, can be found on many houses of the old town of Nuremberg.
The picture on the right shows a framework hous in the Albrecht-Dürer-Straße.

Beaucoup de façades dans la cité de Nuremberg sont décorées de jolies statues sculptées de saints, comme ici, dans la Weißgerbergasse.
La photo à droite montre une maison à colombage dans la rue Albrecht Dürer.

Die ehemalige Freie Reichsstadt Nürnberg erstrahlt in nächtlichem Glanz. Links das Tiergärtnertor und in der Bildmitte die Kaiserburg. Im Vordergrund erhebt sich stolz die gotische Stadtpfarrkirche St. Sebald über die Dächer der Sebaldstadt, jener ersten Siedlung im Süden der Burg. 1320 kam es zum Zusammenschluß mit der südlich der Pegnitz gelegenen Lorenzstadt.

The former free town of Nuremberg shines in its evening glory. Left is the Tiergärtnertor and in the middle the Kaiserburg. In the foreground the Gothic city parish church of St. Sebald rises proudly above Sebaldstadt, the first settlement south of the castle. In 1320 it merged with Lorenzstadt, south of the Pegnitz.

L'ancienne ville libre d'empire Nuremberg rayonne dans la nuit. À gauche, le Tiergärtnertor et au milieu la Kaiserburg. Au premier plan se dresse majestueusement l'église paroissiale gothique de St. Sebald au-dessus des toits de la ville de Sebald, la première agglomération dans le sud de la Kaiserburg. En 1320 se produisit la fusion avec la ville de Lorenz, au sud de la Pegnitz.

In der ehemaligen Orangerie von Erlangen sind heute Universitätsräume untergebracht. Das sind die zwei Gesichter der vom Markgrafen Christian-Ernst errichteten Neustadt „Christus-Erlang". Das Schloß und die Universität prägen noch heute das Stadtbild von Erlangen.
Unten rechts: ein Straßencafe am Eingang zum Schloßgarten.
Unten links: der Hugenottenbrunnen im Schloßpark.

Today university chambers are housed in the former orangery of Erlangen. Here are the two faces of "Christian-Erlang", the new town erected by Margrave Christian-Ernst. The palace and the university stamp the town of Erlangen even today.
Below right is a street café at the entrance of the palace gardens.
Below left: The Hugenottenbrunnen in the palace gardens.

L'ancienne Orangerie d'Erlangen heberge aujourd'hui les salles de classes de l'Université. Ce sont les deux visages de la nouvelle ville 'Christion-Erlang' édifiée par le margrave Christian-Ernst. Le château et l'Université déterminent aujourd'hui encore la physiognomie d'Erlangen.
En bas: un café près de l'entrée dans le jardin du château.
En bas, à gauche: la 'Fontaine des Hugenots' dans le jardin du château.

Die Altstadt von Fürth ist reich an Wohnhäusern verschiedenen Baustils. Viele stehen heute unter Denkmalschutz. Das Bild zeigt ein Ensemble in der Mathildenstraße, bestehend aus mehreren nebeneinanderliegenden dreigeschossigen Neurenaissancehäusern. Sie wurden meist gegen Ende des 19. Jahrhunderts errichtet.

The old quarter of Fürth is rich with residential houses built in different styles. These days many are under preservation orders. This picture shows a row of several three-storeyed new Renaissance houses in the Mathildenstraße. Most were built around the end of the 19th century.

La cité de Fürth est riche en maisons de différents styles architecturaux. Beaucoup d'entre elles sont classées monuments historiques. La photo montre un ensemble de maisons du style nouveau de Renaissance dans la rue Mathilde. La plupart parmi elles ont été construites vers la fin du XIXème siècle.

bach, dem Bistum Bamberg und der freien Reichsstadt Nürnberg. Über zweitausend denkmalgeschützte Gebäude nennt Fürth sein eigen, womit es an der Spitze der bundesdeutschen Städte liegt. So mancher Straßenzug bietet eine interessante Mischung von barocken Bauten markgräflicher Herkunft mit reichlich verzierten Fachwerkhäusern bambergischer Provenienz und nürnbergisch anmutenden Sandsteinfassaden. Neubarocke und klassizistische Elemente bereichern die Stilvielfalt und tragen so zum Rufe Fürths als Stadt der Baudenkmäler bei. Die Hornschuhpromenade sei hier nur stellvertretend für die vielen anderen sehenswerten Straßenzüge Fürths genannt. Daß Fürth darüberhinaus als Stadt der Grünanlagen einen guten Ruf zu verteidigen hat, mag manchen überraschen.

Die nördliche der drei Nachbarstädte, die Universitätsstadt *Erlangen* wirbt mit dem Slogan „offen aus Tradition". Geöffnet hat sich die Stadt gegen Ende des 17. Jahrhunderts für unzählige vom Glaubensgegner verfolgte Hugenotten aus Frankreich, wovon ein mächtiger Brunnen im Schloßpark Zeugnis ablegt. Der brandenburgisch-bayreuthische Markgraf Christian Ernst ließ zu Beginn des 18. Jahrhunderts eine völlig neue Stadt nach seinen Plänen errichten, die sogenannte Neustadt, deren Bild durch die markgräfliche Residenz und durch die im Jahre 1747 gegründete Universität bestimmt wird. Geöffnet hat sich die Stadt auch der Forschung und der Technologie, denen sie ihre heutige Bedeutung verdankt. Neben der buntschillernden studentischen Szene mit ihren traditionsreichen Lokalen und Verbindungshäusern tragen das Markgrafentheater, eines der schönsten in Franken, sowie die traditionelle Bergkirchweih zur kulturellen Vielfalt der Stadt an der Regnitz bei, die zudem als fahrradfreundlichste Stadt der Bundesrepublik gilt.

Bei näheren Hinsehen also zeigt uns das „Ballungsgebiet" Nürnberg–Fürth–Erlangen seine kulturelle Mannigfaltigkeit – eine typisch fränkische Eigenschaft!